AF561211

# ANTEQUERA, VENECIA, BARBATE

Un periplo surrealista pero real

ExLibric

JOSÉ LUIS SÁNCHEZ-GARRIDO Y REYES

# ANTEQUERA, VENECIA, BARBATE

## Un periplo surrealista pero real

EXLIBRIC
ANTEQUERA 2021

**ANTEQUERA, VENECIA, BARBATE. UN PERIPLO SURREALISTA PERO REAL**


Diseño de portada: En efecto 3D

Iª edición



Editado por: ExLibric
c/ Cueva de Viera, 2, Local 3
Centro Negocios CADI
29200 Antequera (Málaga)
Teléfono: 952 70 60 04
Fax: 952 84 55 03
Correo electrónico: exlibric@exlibric.com
Internet: www.exlibric.com



ISBN: 978-84-18730-35-1
Depósito Legal: MA-480-2021

Nota de la editorial: ExLibric pertenece a Innovación y Cualificación S. L.

JOSÉ LUIS SÁNCHEZ-GARRIDO Y REYES

# ANTEQUERA, VENECIA, BARBATE

## Un periplo surrealista pero real

*A mis tres formidables hijos, a sus parejas y a esa fantástica colección de nietos y nietas: Paula, María, Blanca, David, Nerea, Aitana y Daniel.*
*Sin olvidar a mi querida hermana Mely, compañera de lujo en este alterado viaje por mar, y a mi sobrino nieto Juan González García, al que un día dimos por perdido.*

*A mi queridísima hermana Mari Tere. No tengo suficientes palabras para valorar su esfuerzo y tesón en la corrección de las notas que le entregué y que hoy, a su pesar, componen este libro. Y eso que le debo un viaje, prometido hace años...*

*Y cómo no, a Trini, mi compañera de vida, que me cuida invariablemente día tras día desde hace 52 años, hecho que agradezco de corazón, pero que no alcanzo a entender. Difícilmente podría vivir sin ella.*

*Si, además de estos familiares, hubiera algún lector más, le quedo infinitamente agradecido por el gran esfuerzo que va a realizar, si es que es capaz de llegar al final.*

# ÍNDICE

PRÓLOGO ..... 13
1. ANTECEDENTES ..... 19
2. PREÁMBULO ..... 29
3. POR FIN DE CRUCERO ..... 33
4. LA SUCCIÓN ..... 43
5. DE TURISMO EN RODAS ..... 47
6. «DISFRUTANDO» DESDE POR LA MAÑANA EN EL CRUCERO ..... 55
7. LA MALDITA VARICELA ..... 61
8. CAMINO A DUBROVNIK (CROACIA) ..... 67
9. ESTANCIA EN DUBROVNIK ..... 71
10. DE DUBROVNIK A VENECIA ..... 81
11. VENECIA DIVINA ..... 89
12. DE VENECIA A ANTEQUERA ..... 99
13. ANTEQUERA. LA CASA GRANDE Y SU JAZMÍN ..... 107
14. LLEGADA TRIUNFAL A ALBOLOTE ..... 115
15. ANTEQUERA: SUS CALUROSAS CALLES Y EL CALOR DE SU GENTE ..... 123
16. PARÉNTESIS LABORAL EN ALBOLOTE ..... 129
17. BARBATE, MI SEGUNDA PATRIA CHICA ..... 133
18. LA REUNIÓN ANUAL CON BENITO PALOMINO ..... 143
19. EXCURSIÓN A BOLONIA ..... 149
20. UN DÍA PERDIDO ..... 157
21. CUMPLEAÑOS DE TRINI ..... 167
22. FIN DE LAS VACACIONES ..... 173
23. EPÍLOGO ..... 179
NOTA DEL AUTOR ..... 183

# PRÓLOGO

No es la primera vez que mi hermano José Luis me encarga un «trabajito». Se trata posiblemente del más inteligente de los hermanos; sabido es en todo el planeta que fue el número uno de su promoción, ya que él mismo se ocupa de publicarlo a los cuatro vientos. Pero también nos consta que no destaca en ortografía ni gramática, y no duda en echar mano de sus allegados en cuanto se ve en apuros.

Yo era prácticamente una niña cuando ya me encargaba ciertas tareas de corrección, e incluso me explotó haciéndome traducir durante meses cientos de páginas de aburridos documentos y libros escritos en francés, sobre un tema que, a esa edad, no me interesaba en absoluto: abonos líquidos. El resultado de su insistencia fue excelente, ya que él llegó a ser pionero en abonos líquidos en nuestro país, y yo, sin proponérmelo, a base de leer en francés, terminé enamorándome de ese idioma.

Hace años, allá por 2007, me pidió que le echara un vistazo a su libro *Antequera, otra vez*, que planeaba editar. Aquel «vistazo» se transformó en una exhaustiva revisión a fondo porque al leerlo, sus capítulos repletos de recuerdos familiares me llegaron al alma, pero también rebosaban de errores ortográficos y de expresión, así como escasez de tildes. En la presentación del mismo, en la que participé de la mano de nuestro querido Juan Alcaide de la Vega, el autor, que adora los halagos hasta el punto de que se los hace a sí mismo, me tachó de ser terriblemente crítica por llamarle «mi hermano el escribidor» o el «escribiente», de lo cual me disculpo aquí por tan extrema dureza, amparándome en la típica deformación profesional fruto de mis cuarenta años de trabajo como maestra.

Juan Alcaide y yo departimos largamente tras el divertido acto de presentación. Se reía de buena gana por mis exigencias ortográficas, advirtiéndome que, de persistir en mi papel de «maestra regañona», le desmotivaría hacia la escritura, cosa que quienes le conocemos bien sabíamos que no ocurriría. Y no ha ocurrido.

No olvidaré cuando dijo mostrarse sorprendido por la grandeza y bondad de José Luis, su capacidad y humildad para encajar los ataques «en clave de humor», al observar el modo irónico en que nos tratábamos los cinco hermanos que asistimos al evento. Efectivamente, Juan Alcaide dio en el clavo con esta expresión, pues esa «clave de humor» es la que se utilizaba y la que yo misma escuché desde que llegué al mundo en nuestra casa de la calle Merecillas, que ahora es la suya y de su mujer, en la que todos nos seguimos sintiendo tan cómodos como lo estábamos de niños, gracias a la generosidad y hospitalidad de ambos. Era el tono empleado por ese batallón de seis hermanos, por mi padre y, por supuesto, por mi querido y siempre presente cuñado Gabriel, al que quise con un sentimiento entremezclado de amor filial y fraternal por los años que nos separaban y por su tremenda implicación en mi educación. Gabriel, el lúcido genio del fino e inteligente humor de los juegos de palabras..., idioma que ahora practican sus hijos.

En el último trimestre de 2008, mi hermano volvió a la carga escribiéndome un amable correo para pedirme que revisara un «librito» muy sencillo, una especie de diario de su último verano cuyo archivo en Word adjuntaba, que es precisamente el libro que nos ocupa. Me excusé porque estaba muy ocupada con temas personales y profesionales, y con el paso del tiempo, un buen día, me llamó muy preocupado preguntando si aún conservaba ese archivo. Estaba desolado porque lo había perdido, pero para ser sincera: yo respiré tranquila. Un trabajo menos.

Había olvidado que cuando mi hermano se propone algo, lo consigue, por lo que, en el momento menos esperado, doce años después y durante el nefasto 2020, un José Luis eufórico me confirmó un día que había recuperado el archivo y planeaba editarlo para que no se perdiera de nuevo. Me suplicó que le redactara el prólogo, rogándome de paso una lectura rápida del escrito y una revisión «somera», en palabras suyas, con una insólita premura, como si en ello le fuera la vida.

Una vez más, no sabía en lo que me metía. Al comenzar la lectura del mismo fue Juan Alcaide y su expresión la que me vino a la mente, ya que de nuevo encontré esa «clave de humor», pues José Luis ha conseguido convertir ese típico relato de un alucinante e idílico viaje familiar en una odisea de anécdotas disparatadas y simpáticas de una singladura que, aunque previsiblemente sería inolvidable, está a punto de convertirse en pesadilla desde el principio al final, pese al lujo y a su alto coste económico. Eso sí, salpicado, como es habitual en él, de pensamientos que no vienen a cuento, de palabras (o más bien «palabros») inexistentes inventadas por el autor sobre la marcha, que la RAE no conoce ni admite, y colmado de esas deducciones extrañas que le convierten en un mago de la ironía y el absurdo.

Pero la corrección, para ser sincera, ha supuesto una tarea ingente, una verdadera demostración de cariño fraternal hacia él. Téngase en cuenta que el escrito lo realizó en 2008, cuando vivía asfixiado por la obsesión hacia su trabajo y aún no conocía a M.ª José Ruiz, su profesora de informática, maestra y mánager a la vez, que está consiguiendo actualmente lo que yo no hice: que el autor, ya jubilado, se interese por la ortografía y mejore sus errores de expresión, como puede comprobarse en sus últimas publicaciones.

Cuando me he quejado, con sobrados motivos, de este desorden en su escritura, él me explica con gran parsimonia que esto se debe a que ha utilizado para este libro un «estilo hiperrealista personal», que consiste, como hacen los escultores y los pintores, en reflejar en cada momento la verdad real, que en su caso es referida a los acontecimientos cotidianos, llevados al más nimio (e innecesario) detalle. Estilo que, naturalmente, él se ha sacado de la chistera. Y como su mente es hiperactiva, y salta de un tema a otro con una asombrosa agilidad, desordena cronológicamente los acontecimientos del día, mezcla temas diversos en un mismo párrafo y te obliga a hacer un puzle de cada capítulo.

En ocasiones, durante la revisión de los veintitrés capítulos, me he sentido como la Penélope de la mitología griega, deshaciendo de noche lo que tejía durante el día pues había párrafos que eran imposibles de entender y recomponer, pese a los innumerables intentos de consenso por todas las vías de las que afortunadamente disponemos hoy en día: llamadas, mensajes de WhatsApp, correo electrónico, etc., que si bien han aumentado las horas de trabajo, también debo reconocer que me han servido para conocer y querer más aún a mi hermano.

En el mismo relato, él manifiesta sus dudas sobre si será o no bien aceptado por los lectores, si este será un libro interesante y si dará la talla como escritor. Querido hermano, tengo la respuesta, y te la voy a formular en el idioma que aprendí gracias a ti, con una frase del escritor suizo Joël Dicker que aparece en su libro *La verdad sobre el caso Harry Quebert*[1], cuando un universitario destacado le pregunta a su eminente profesor de literatura cómo llegar a ser un buen escritor: «En ne renonçant jamais. Vous savez, Marcus, la liberté, l'aspiration à la liberté est une guerre en soi» **('No renunciando nunca. Sabe usted, Marcus, la libertad, el deseo de libertad, es una guerra en sí mismo').**

Y eso es lo que tú has hecho con este libro, y en general con tu afición a la escritura: no renunciar nunca, seguir luchando contra viento, marea, objeciones y críticas negativas. Entre ellas, las mías. Seguir luchando en esta guerra, con total libertad de orden y estilo.

Sigue escribiendo cuanto te apetezca, pero, ante todo, sigue conservando siempre tu grandeza de corazón y esa inocencia sorprendente, tan grande, que te lleva a desnudarte en público, confesando tus más íntimos temores, frustraciones, alegrías y éxitos. Siempre serás ese ser cercano, cariñoso y original que fuiste como hermano, y el número uno de nuestra familia, quien con su ironía nos proporciona esa chispa de humor inesperada.

M.ª Teresa Sánchez-Garrido Reyes

---

1 DICKER, Joël. Título original: *La Vérité sur l'affaire Harry Quebert.* 2012, Éditions de Fallois/L'Âge d'Homme.
De esta edición: *La verdad sobre el caso Harry Quebert.* 4ª ed. 2013, Madrid. Alfaguara, Santillana Ediciones Generales S. L. Pág. 143.

# 1. ANTECEDENTES

Es domingo, día 30 de agosto de 2020. Hace un par de días, Trini y yo (para los que no lo sepan, Trini es mi mujer desde hace más de medio siglo) nos hemos desplazado desde nuestra casa familiar de Antequera, donde vivimos habitualmente desde hace algunos años, hasta el pequeño o más bien diminuto apartamento que tenemos en Barbate, con la intención de pasar aquí todo el mes de septiembre de este fatídico y extraño año, e intentar desconectar del mundo y del coronavirus.

Mi hijo Jose y su familia acudieron inmediatamente a vernos desde Sevilla, por lo que nos fuimos todos juntos a celebrar el encuentro en el restaurante El Embarcadero, un precioso lugar junto al río donde pudimos disfrutar de una cena de calidad, distendida y agradable, atendida por un personal muy competente. Allí les hice entrega de un ejemplar del último libro que he publicado hace un mes y que lleva por título *Barbate, Barbate*, para que lo lean y me den su opinión.

Les comenté que el día anterior, como hacemos siempre que venimos aquí, fuimos a hacer la compra al establecimiento conocido por El Castillito y aprovechamos para regalarle otro ejemplar del mismo, debidamente dedicado, a las «niñas», Maribel y Manoli, en el que aparece un capítulo referido a ellas; Manoli se apartó a una esquina del mostrador para leerlo y se echó a llorar ante nosotros, muy emocionada. Estas cosas a mí me llegan al corazón y me enternecen muchísimo. Me quedé cortado, sin palabras, en una situación un tanto incómoda porque no esperaba que les conmoviera tanto ese gesto.

En la relajada conversación familiar, salió a colación el relato de una pequeña narración que escribí en 2008 con el fin de contar la verdad, y toda la verdad, del ansiado crucero que, dicho año, Trini y yo habíamos planeado realizar en compañía de mis hijos, algunos de ellos con sus parejas, mis nietos y mi hermana Mely, con motivo del cuarenta aniversario de nuestra boda. Era en realidad un homenaje a mi mujer por los cuarenta años aguantados, lo cual tiene muchísimo mérito, pues a veces ni yo mismo me aguanto. El viaje en sí, programado por supuesto con inmensa ilusión, se tornó en un verdadero despropósito de principio a fin y, paralelamente, el borrador de aquella odisea que yo con todo cariño había redactado, cómo no, también sufrió una alterada trayectoria, al haberlo dado por perdido durante un largo tiempo y no llegando a publicarse, como era mi propósito. Pues bien, les comuniqué que ahora que lo he recuperado gracias a mi hijo Jose, a pesar de las innumerables dificultades encontradas, he decidido retomar su redacción durante estas vacaciones. No me doy por vencido y me planteo editarlo.

Personalmente, en aquellos malos tiempos de la llamada «recesión» no me encontraba muy predispuesto a viajar, me apetecía mucho más disfrutar de mi querida Antequera y sus fiestas, porque considero que ya casi tengo completo el cupo de viajes existenciales.

En 2004, cuando ambos cumplimos sesenta años, ya hicimos un viaje histórico para toda la familia, cuyo destino fue China. Esa experiencia me hizo en alguna medida tener una perspectiva del mundo de forma distinta, como ocurrió también con algunos de los desplazamientos de trabajo que he efectuado a diferentes lugares, sobre todo a Estados Unidos, donde he estado ocho o nueve veces al menos y me ha fascinado. También visité Rusia, Israel, Argelia, Túnez, Marruecos, buena parte de Europa y el norte de África, entre otros.

Pero esta vez, la ocasión lo merecía y tras un gran debate, como suele ocurrir, decidimos que la soñada escapada sería ese verano de 2008 a las islas griegas y Venecia. Además, nos temíamos que con la crisis que corría por entonces y los efectos colaterales que consecuentemente se avecinaban, quizá no tendríamos muchas posibilidades de viajar todos juntos en los siguientes años, por lo que había que aprovechar la buena disposición de todos y cada uno de los participantes.

Así que, animado por la perspectiva de disfrutar de unos días con mi familia y por el hecho de tener tiempo libre para escribir, lo primero que hice fue guardar mi ordenador portátil en la maleta. Cada noche de las que pasé en el crucero, como soy de poco dormir, dedicaba un rato en el camarote a anotar ante una pequeña luz las vivencias del día y mis reflexiones o pensamientos al respecto.

Realmente, ya al finalizar el texto y releerlo, dudé si publicarlo o no, pues aquellos apuntes redactados a salto de mata en aquel pequeño habitáculo náutico, de forma descuidada, y las más de las veces desanimado por el cúmulo de contratiempos acontecidos, no me habían dejado muy satisfecho e iban a requerir una exhaustiva revisión antes de su edición. De hecho, puede decirse que el escrito fue, de principio a fin, un verdadero desastre. Lo reconozco ahora públicamente.

Recuerdo que empecé a escribirlo el primer día de crucero y, cuando llevaba varias páginas que me parecían soberbias, no sé qué tecla del ordenador tocaría con estos torpes dedos que todo se me borró, absolutamente todo, lo cual me produjo un gran disgusto. «Mal comienzo», pensé entonces.

Vuelta a intentar reescribir todo lo perdido en aquel exiguo camarote... A usted, amable lector, quizás le haya ocurrido alguna vez algo parecido y sabrá que es una sensación bastante desagradable. Lo que momentos antes era un placer, se convierte en una misión imposible, la inspiración se ha esfumado y has perdido motivación y seguridad, sientes que el texto ya no tendrá el encanto y espontaneidad del anterior, ahora todo es más forzado. No es bueno empezar una travesía nadando contracorriente. Y menos, si estás rodeado de una masa inmensa de agua salada, como ocurría en este caso, así que retomarlo se me hizo cuesta arriba.

No obstante, justo al terminar el crucero, envié el texto a algunos allegados para conocer su parecer al respecto, pensando que probablemente eran percepciones mías. Desgraciadamente mis sospechas se confirmaron, recibí un nuevo golpe bajo: una de las personas elegidas para su lectura, después de leerlo, me comentó que este escrito, al ser personal y familiar, no interesaría a nadie ajeno. Que era un rollo, un bodrio, vamos... Aunque a mí me seguía gustando mi borrador, estaba más que claro que no llevaba buen camino. De esta experiencia, empero, he aprendido mucho, sobre todo a no pedir opinión nunca más en el futuro.

No obstante, me propuse continuar trabajando en él durante el resto de aquel verano de 2008 para finalizarlo en los últimos días libres en Barbate, de manera que, para el final de mis vacaciones tendría completo el relato, pendiente solamente de la revisión. Así lo hice, si bien me faltó tiempo para cuidar debidamente la escritura.

Esta ha sido la forma utilizada para escribir los dos libros anteriores referentes a Antequera, siempre en vacaciones, ya que en otras fechas no me era posible. He vivido a contrarreloj desde que terminé la carrera y comencé a ejercer mi profesión, con una constante y enorme escasez de tiempo que nunca he sabido gestionar ni resolver. Por ello, al incorporarme a mi absorbente puesto de trabajo tras las vacaciones, mi proyecto cayó inmediatamente en el olvido.

Dio la casualidad de que mi empresa decidió dotarme con un nuevo ordenador de más capacidad, más ligero y moderno, justo en aquellos días. Me proporcionaron uno de los mejores del mercado en ese momento, el que habían adquirido y utilizaban la mayor parte de los notarios de Granada. Así que, poco a poco, al dejar de usar el viejo ordenador portátil de mi propiedad que llevé al crucero, en el que había redactado el presente libro, le perdí la pista. Pasado un tiempo, decidí revisarlo para salir de dudas y comprobar si verdaderamente era un libro tan aburrido como esa persona había opinado, pero no pude hacerlo. El ordenador no apareció por ninguna parte. Lo sentí profundamente, había perdido al mismo tiempo el ordenador y mi preciado texto. No entendía cómo se me podía haber extraviado. Pensé incluso en un posible robo.

Más tarde, recordé haberlo impreso también en papel para no tener más sorpresas, así que revolví desesperadamente entre mis innumerables papeles en su desesperada búsqueda. Pero debí haberlo guardado en un sitio tan genial, que era imposible hallarlo. Decididamente, esta «obra» estaba gafada desde el principio. No me cabía la menor duda de que ya sería imposible recuperarlo y editarlo. Sentía haber perdido ese relato que, si bien no tenía un argumento muy elaborado, sí que constituía un recuerdo familiar entrañable del viaje realizado, que a mi familia y mis descendientes quizás les hubiera gustado leer.

Un día, siete años después, concretamente en 2015, mientras hablaba con mi hijo Jose le comenté mi dolor por la pérdida de aquel portátil, no por el mismo en sí, sino porque echaba de menos su contenido, sobre todo el proyecto de este libro. Afortunadamente había enviado copia a mis hijos y otras personas cuya opinión estimo (una de mis especialidades es reenviar y colapsar correos ajenos), así que él, al saber de mi tristeza por la pérdida del archivo, rastreó entre sus correos electrónicos, consiguió rescatarlo y me lo reenvió por *mail* a los pocos días.

No exagero si digo que me emocioné al recibir mi añorado texto y además lo interpreté como una buena señal, una oportunidad para retomar el tema. Pero a pesar de la alegría inmensa que había experimentado al recuperar mi preciado escrito, una vez más, ajetreado en mi quehacer laboral diario, lo guardé en algún lugar del disco duro, aplazando de nuevo su lectura, que nunca retomé.

Pues bien, este mes de agosto de 2020, justo dos días antes de venir a Barbate, cuando estaba en mi biblioteca de Antequera muy concentrado en buscar algo en mis estantes repletos de libros, documentos y carpetas, me encuentro para mi sorpresa con la copia impresa. Otra nueva señal. El corazón me da un vuelco, y seguidamente me aíslo del mundo, me encierro, y me pongo a leerlo de pe a pa. Y resulta que me gusta, mejor dicho, me encanta. Puede ser que de tanto echarlo de menos le hubiera tomado un excesivo cariño.

Decido sobre la marcha reescribirlo en Barbate en septiembre de 2020. Me quiero dar el gustazo de hacerlo. Me pregunto si tendrá aceptación y me surgen dudas. Pensar en que puede o no gustar a los demás es algo muy osado, más vale no planteárselo, nunca llueve a gusto de todos. Estoy convencido de que, en esto de escribir, hay que hacer lo que uno siente, evidentemente sin molestar a nadie... y después ya se verá. Presumir lo que los demás pueden sentir o pensar es una forma clara de equivocarse, no podemos adivinarlo ya que la mente de cada uno es libre y muy diversa.

Cuando escribo para Facebook, me ocurre a veces que un artículo que creo va a gustar pues no tiene nada de eco, y otros que a lo mejor estimo no tienen interés, lo tienen, y mucho. En la vida todo depende de infinitos factores, todo es bastante relativo. Y más en este año de incertidumbres acusadas por el coronavirus, sin respuestas ni soluciones por el momento. Es un año de desorientación, esperemos que solo sea un nefasto y largo año, sí, pero no un ciclo, pues no me quedan ya tantos años, no dispongo de mucho tiempo que perder. Y me gustaría ver el final de esta película.

Poco después, otra importante señal, la definitiva: encontré el antiguo ordenador extraviado. Estaba en una estantería metálica atestada de libros. Tengo tantísimos que nunca he podido contabilizarlos, así que hemos hecho un cálculo por metros, según los formatos y tamaños de los libros, y estimamos que tenemos casi 18 000. Como, a pesar del enorme espacio que dedico a ellos en el antiguo almacén de mi padre, no caben más, los que he ido incorporando los dispongo en tres hileras de fondo en las amplias bateas. El aparatejo que nos ocupa estaba escondido, reposando tranquilamente detrás de la primera fila de volúmenes, y encima de él se apoyaban otras dos filas más de libros, situados verticalmente. Se había quedado por error debajo de ellos todo ese tiempo.

Mi alegría fue tremenda, allí estaba mi ordenador cargado de recuerdos, no me explicaba cómo había ocurrido esto, aunque ya carece de importancia, el caso es que allí estaba. Seguramente fui yo mismo el causante al no recordar dónde lo guardé, y sin querer coloqué sobre él los libros, por lo que era imposible verlo. ¡Al libro del crucero le había llegado finalmente su momento de salir al mundo!

Conecté el ordenador al suministro eléctrico, donde lo mantuve un buen rato, pero no se encendía, la pantalla estaba totalmente negra. No pude llevarlo en ese momento a un técnico para intentar ponerlo en funcionamiento porque tenía otras muchas cosas prioritarias en ese momento. Y así sigue...

He de confesar que tengo una manía: soy coleccionista de algunas, o más bien muchas cosas. Libros, como habréis adivinado, pero también escritos y documentos de mi vida de todo tipo, recuerdos del pasado en general. Conservo hasta las cartas que nos mandábamos Trini, por entonces mi novia, y yo en 1961. Desde niño los he venido almacenando sin dedicarle tiempo a organizarlos debidamente. Ahora de nuevo en Antequera, ya retirado, intento poner orden en todas estas cosas que dejé para la jubilación, pero es una misión que considero casi imposible de lograr antes de irme de este mundo, a pesar de que una buena parte de mi tiempo lo dedico a ello.

Cuando me jubilé, me propuse ampliar mis escasos conocimientos de informática e inglés, y tengo como profesora y mánager a la Srta. María José Ruiz, con la que he logrado comenzar a utilizar las redes sociales. Cuando reescriba este libro el mes de septiembre, espero que, con su habitual exquisito cuidado, ella revise el mismo. Tras obtener su visto bueno, dispondremos una copia en un *pendrive* para tenerlo listo y más adelante proceder a su edición, como es mi deseo.

Así que, por fin, voy a arriesgarme a publicar este libro de tan surrealista contenido y tan extraño recorrido… ¡Y que salga el sol por Antequera!

***(Comienzo del escrito de 2008)***

# 2. PREÁMBULO

El último libro que he escrito ha sido *Antequera, otra vez,* editado por el Ayuntamiento de Antequera en este 2008 y presentado en el patio de la Biblioteca Municipal de nuestra ciudad por mi hermana pequeña, M.ª Teresa, acto que contó con una maravillosa acogida por parte del público y en el que hubo una gran asistencia.

Es un libro que ha tenido cierto éxito; alguien me asegura que lo ha leído de un tirón; o en tres sentadas, me comenta otra persona. Hay quien dice que lo lee poco a poco para disfrutarlo más, pero no quiero ufanarme de nada a estas alturas de la vida. Todos sabemos que lo que en realidad ocurre es que los comentarios escuchados proceden de antequeranos bienintencionados que, por su condición de tales, gustan de leer sobre nuestro pueblo y sus gentes.

Yo soy el padre del libro *Antequera, otra vez,* y digo el padre porque mi hermana Mari Tere es la madre de este: lo ha revisado con amor y cariño, le ha corregido detenidamente mis numerosas faltas, subsanado los errores y recompuesto las frases mal expresadas, como buena maestra que es. Me considero un poco desastre. Ella para animarme me dice que soy un caótico irreparable.

Mi hermana pequeña dio un genial discurso inicial donde me puso literalmente «verde». Con mucho cariño, pero un cariño envuelto en color verde intenso. Juan Alcaide de la Vega, que tuvo a bien hacerme la presentación del libro, realizó un brillante papel. Como siempre, gran escritor y conferenciante. Yo, para no desentonar, hice lo que pude. No hablé de nada serio, porque la gente lo que necesita es distraerse y alegrarse la vida. Al comenzar mi discurso solicité encarecidamente que se desconectaran los móviles, pero olvidé apagar el mío. Un amigo de Sevilla allí presente, José Luis Cobián, se dio cuenta y me llamó a propósito en cuanto comencé a hablar, produciendo el consiguiente jolgorio. Todos rieron pensando que era una broma, una estrategia que teníamos preparada, pero confieso que fue un despiste. Eso sí, muy oportuno.

Tengo intención de seguir escribiendo sobre esta gran ciudad que es Antequera, es un tema que me deleita. Mi mujer y yo somos ambos antequeranos. Vivimos en Granada en estos momentos, pero proyectamos trasladarnos a nuestra ciudad natal cuando nos jubilemos. Mientras tanto, solemos viajar a Antequera con toda la frecuencia que podemos, en vacaciones y los fines de semana siempre que nos es posible, pero nos sabe a poco. «Somos antequeranos de fin de semana, esporádicos», comento cuando surge la ocasión.

Mis amigos me alientan a escribir, cosa que ya me gusta de por sí. Me distrae, me relaja y escribiendo mi alma vuela. Me siento feliz, aunque dedico mucho tiempo, quizás demasiado, a esta afición.

Mi hermano Antonio, muy especialmente, me anima a seguir:

—Pepe —me dice—, tus libros hablan de personas, hablan de sentimientos, tú conmueves escribiendo y por eso gusta, porque en un mundo tan materializado, hablar sobre personas reales y concretas, conocidas, no personajes inventados, contar sentimientos experimentados y vividos ya no es frecuente. Cada vez lo es menos y por ello, cuando se hace, es siempre bien recibido. Es tu estilo y llegas a los corazones.

No estoy completamente seguro de que sea así, pero me encanta su apreciación y me motiva a seguir adelante.

Mi hermano Antonio me quiere, quiere mucho (él dice «munnncho» para acentuarlo más) a todos sus hermanos, se le nota feliz cuando nos ve. Lo cierto es que lo pasamos en grande cuando todos nos reunimos, por el mero hecho de estar juntos. Él es un empresario negociador y muy humano. Su mente es clara, pienso que la mía es más complicada, aunque con el tiempo se me va despejando, afortunadamente. Considero que los empresarios son una raza aparte, muy especial, difícil de describir, sujetos a muchos avatares e incertidumbres.

Los empleados tienen una enorme ventaja: no reciben la fuerte presión que sufren la mayoría de los empresarios, pero tienen un inconveniente, que su nivel de ingresos suele ser menor.

Los gerentes de una empresa, como es mi caso, ni somos empresarios, ni somos empleados al uso. Compartimos muchos de los problemas del empresario, pero no gozamos de sus ventajas. Somos unos híbridos, una extraña raza, creo. Sí, somos unos entes atípicos, singulares y desde luego, caros.

Entes extraños que a veces, como es mi caso, sin entender de literatura y casi tampoco de gramática, nos atrevemos a redactar unos también extraños y singulares escritos personales y familiares, transcurridos a lo largo de nuestras vidas. Este relato empezó como un diario, en este caso podríamos llamarle un «diario de a bordo» puesto que navegábamos en barco, lleno de absurdas e inesperadas aventuras y desventuras.

*Amigo lector, espero que te agrade este simple relato familiar diferente, surrealista pero real, y te agradezco que lo hayas adquirido. Pero no puedo asegurártelo.*

# 3. POR FIN DE CRUCERO

Hoy es martes 29 de julio de 2008. Hemos atracado en la isla de Santorini, después de un primer día con el que hemos soñado desde hace tiempo, pero que podemos calificar como «regular», para no entrar en detalles. Una jornada repleta de pequeños e innumerables inconvenientes que no responden exactamente a aquellas expectativas del ansiado viaje de aniversario de bodas que habíamos previsto.

Nos encontramos en una barcaza para desplazarnos desde el enorme buque a la isla. Una vez que descendemos de ella, un funicular nos traslada desde la costa hasta el pueblo, elevado en la cima. Aún no hemos realizado esta primera visita y ya estamos agotados. Hemos soportado numerosas colas a lo largo del día. Colas para desayunar, colas en el funicular, también para tomar la barcaza, y todas ellas con un calor agobiante... Pero todo merece la pena, porque allí estamos por fin mi mujer y yo con la tropa elegida para tan fantástico recorrido: mi queridísima hermana Mely; Eva, mi hija, con su niña, María Moreno; mi hijo David, con su mujer, Rocío, y sus dos hijas, Nerea y Aitana, esta última con solo nueve meses, que yo pienso que son pocos meses para tanto viaje; Jose, mi hijo mayor, con una novia (la número veintitrés creo, no sé el número exacto), y nos acompaña también un sobrino de mi mujer y por tanto mío, Juan González, espigado, de ojos claros y de unos ocho años. Todos formamos un variopinto grupo de una docena de personas españolas de edades muy diversas.

Una vez en el pueblo de Santorini, alquilamos un microbús para visitar la isla, que era lo más práctico. Todo supuestamente maravilloso, pero con calor, más calor, tiendas de *souvenirs*, y venga más tiendas de *souvenirs*. Niños pequeños penosos por el cansancio, mayores cansados de los niños, tiendas donde gastar dinero en chorradas, todas exactamente iguales entre sí. Hora de comer sin comer. ¿Qué más podemos desear en un envidiable viaje de cuarenta aniversario?

No quiero ser aguafiestas, pero suelo adelantarme a los acontecimientos y me consta que en el retorno al crucero nos esperan de nuevo más colas y más calor. Todo ello al parecer debe ser estupendo, porque la tribu sonríe mientras yo me planteo por primera vez lo bien que estaríamos si no hubiésemos bajado del barco. No sería la última ni la única vez que lo pensaría a lo largo de la travesía. En el crucero tendríamos todo a mano, gratis o más bien ya pagado, sin gastar dinero ni sudar.

Compro un libro sobre Santorini. Me siento exhausto e intento disimular como puedo para no desentonar. Observo que todos los demás pasajeros están muy ágiles, pero yo tengo falta total y absoluta de ejercicio físico, debido a las horas y horas de trabajo diario durante toda la vida sentado detrás de una mesa, supongo. Y la edad, la dichosa edad. Se ganan algunas cosas y se pierden muchas más con el paso de los años. Pensaba interiormente que había que aguantar estoicamente y estar a la altura, pues si me hubiese quedado en el barco habría dado la nota de poco social, de ser más raro aún de lo que soy. Además, no puedo perder la gran ocasión de estar con toda mi familia reunida a la vez, lo cual es para mí, por supuesto, una de las cosas más gratificantes de la vida. Hay que resistir, el asunto no tiene discusión, habrá que hacer salidas y excursiones juntos para intentar pasarlo de maravilla. Aunque sea con calor, mucho calor y niños pequeños.

Mi nieta Aitana, con pocos meses, tiene unos ojos redondos de bonito color azul; ella es la única que está siempre sonriendo. ¡Qué maravilla! Es un pequeño bebé de nueve meses que no llora, mantiene permanentemente su sonrisa, una sonrisa que nos ilumina, nos alegra el día, me hace pensar que los milagros son posibles. Esto no es corriente. Es sorprendente la afabilidad de Aitana, su paciencia. Sus alegres ojos azules son como los de su padre David y su abuela Trini. Son serenos, limpios y transparentes como el agua del mar que contemplamos desde la barcaza cuando, ya en el retorno al barco, una gran ola hizo que entrara agua por su parte superior, la cual por arriba estaba cerrada con solo una escotilla abierta. Aitana se encontraba en su cochecito precisamente debajo de la escotilla. Le cayó encima un mar de agua, no sé, cuatrocientos litros de golpe, de sopetón. La niña no se inmutó, siguió sonriendo, completamente empapada, con sus grandes y preciosos ojos. Los pasajeros de la barcaza, unos ochenta, armaron por el contrario un gran escándalo de gritos ante el baño inesperado de la escotilla abierta. Mi nuera Rocío reía a mandíbula batiente. Y mi nieta Aitana, nada de llorar. La gente la miraba, todos asombrados, y le aplaudían.

Al menos hay que reconocer cuánto se aprende en los viajes. En este supe que la isla de Santorini fue colonizada por los minoicos (leo por ahí) y llamada Stronguili (que en griego significa 'redondo'). Si antes de leer esto alguien me hubiese preguntado qué habían conquistado los minoicos, hubiese dicho sin dudar que «Minoica», y hubiera hecho el ridículo. Menos mal que uno viaja y aprende.

En 1450, no hace tanto, una erupción volcánica seguida, cómo no, de un terremoto para que no faltara de nada, hizo que la isla se partiera en dos, hundiéndose una de las dos mitades y dando a Santorini la forma de media luna. El nombre de Santorini se lo pusieron los venecianos en honor a Santa Irene, siendo una isla con playas de arena negra y con acantilados debido a su conformación, llena de casitas blancas y bajas que conforman un colorido y bello paisaje.

Santorini es muy turístico. Perdón, perdón, es solamente turístico. Lo más interesante es que desde el pequeño puerto al pueblo por el acantilado no hay carretera ni camino, tienes que subir en mulo o en teleférico. Preferimos esta segunda opción, la más lógica para tan variado grupo. Subir en mulo todo nuestro diverso grupo, desde la pequeña con el carrito de bebé al abuelo con sobrepeso, hubiera sido digno de ver, pero es totalmente impensable.

Compro también en la isla un pequeño cuadro cuyo tamaño permite introducirlo en la maleta; en todos los viajes suelo adquirir uno, y este me llama la atención sobre todo por el gran cáncamo dorado que, en vez de tenerlo por detrás, como es nuestra costumbre, lo tiene arriba del marco, en vertical, para que también luzca su redondel tanto como el cuadro. Me gusta ello y me hago la reflexión: ¿por qué tenemos que esconder nuestros cáncamos? Una pregunta muy interesante. De esas muchas preguntas tontas que uno se hace cuando está de vacaciones.

A las seis de la tarde, en el crucero se celebra el fantástico «simulacro de emergencia»; cuando era más joven, en otros viajes con estas mismas actividades, hasta me ponía nervioso con estas cosas. Ahora no, ahora me deslizo inadvertidamente hasta dentro de nuestra cabina, donde me quedo solo, intentando dormir y reponerme tranquilamente mientras los demás participan. Ya me conozco sobradamente el tema, y sé que me servirá de poco. Es simplemente una norma para cumplir el expediente, pero la megafonía es terrible y no me deja descansar como yo había previsto. Suena una y otra vez dentro del pequeño cubículo, machaconamente, la bonita y cálida voz de una señorita en varios idiomas.

«Bueno —pienso yo—, después que me lo cuenten y que Dios me perdone si esto se hunde, porque sospecho que de todas formas, me hundiría sin remedio a pesar de haber hecho varios simulacros».

Los primeros que se embarcarían en los botes serían las señoras, los niños y los jóvenes, supongo. Yo creo que aún en momentos de peligro, sería cortés, dejando pasar a los demás. El simulacro era obligatorio, pero además de estar cansado de tantas obligaciones, nunca me han gustado las simulaciones de ningún tipo. Por norma.

Por el contrario, me encantan los «diarios de a bordo» que te dejan en el camarote la tarde anterior para informar sobre lo que hay el día siguiente, es una buena idea que habría que copiar en la vida cotidiana. Realmente debiéramos tenerlo también en la oficina, expuesto con el programa de cada jornada para captarlo en un solo golpe de vista. Incluso sería práctico en las casas donde haya una gran familia y convivan muchas personas, al menos un ejemplar colgado con chinchetas.

Esta noche cenaremos en el crucero, en una mesa asignada para doce personas, la número 47, en el primer turno. Esta será ya siempre nuestra mesa durante toda la singladura. Nos dan el primer turno pues vamos con niños, todo está verdaderamente muy bien estudiado. La encantadora *maître*, cuyo término femenino en español no se utiliza acorde a la gramática francesa, se llama Julia y el ayudante, Dinio.

A la hora de comer yo voy, como siempre, a lo clásico. Los platos sofisticados no son mi fuerte, ni tampoco estos inventos modernos agridulces que no sabes si estás tomando el primer plato o el postre. La moda de los dibujos con salsa o caramelo en el fondo del plato, rellenos de cositas de colores, me rompe los esquemas.

—Mire usted —solicito al camarero—, yo quiero una ensalada que no está en la carta. Una ensalada tradicional, la de toda la vida, vamos. Sin maíz, sin aguacate, sin historias, que lleve solo tomate, cebolla, lechuga y si puede la premia usted con un huevo duro, por favor. Y después de mi cena moderna de ayer, que no sabía si comer o llorar, pues prefiero de segundo un entrecot, sin salsas ni películas.

Veo miradas de disgusto en las caras de algunos de mis familiares. Detecto que se sienten incómodos por mis palabras, pero no creo haber dicho nada incorrecto. Tenemos derecho a pedir lo que nos apetezca a cada uno, máxime si estamos de vacaciones.

Mientras estamos cenando, viene el fotógrafo del crucero a hacernos la foto de rigor. David se abraza con Rocío y sus niñas, todos deslumbrantes, sonriendo ante la cámara. Yo declino amablemente el ofrecimiento, ya que con esto del relax de las vacaciones da tiempo incluso para mirarte en el espejo y se te quitan las ganas de inmortalizar tu imagen.

Además, ya te hacen fotos a la entrada del barco en el acto de «Bienvenida del Capitán», donde hay que esperar, por cierto, más de media hora de pie en la cola para obtener la absurda imagen con un capitán desconocido, pagada a precio de oro. También te cogen por sorpresa con el salvavidas en el simulacro, en el teatro, cenando... Demasiadas fotos, casi obligatorias y a siete euros la más barata, una ruina. Y no son necesarias pues llevamos nuestras propias cámaras digitales, esas que se han cargado los queridos carretes. ¡Me aburre tanto posar!

Como tenemos en nuestro grupo individuos de todas las edades, hoy es mi nieta María la protagonista, que está caprichosilla, quejosa, por decirlo en términos muy cariñosos, siendo obviamente bastante benévolo como buen abuelo. Eva, mi hija, se desespera. María es siempre una niña estupenda, muy inteligente, sociable, simpática y además muy guapa, pero lógicamente el cansancio nos afecta a todos en mayor o menor escala, y ella no tiene suficiente edad para saber reprimirse como estoy haciendo yo. Eso está claro.

Observo las reacciones de los demás: Trini calla, Mely sonríe, el sobrino Juan mira a la niña atentamente, Aitana, como siempre, sonríe, a su vez y yo... no sé. Sigo un tanto absorto.

—Papá —me dice mi hijo Jose—, hasta ahora, en este viaje te veo serio.

—Hijo mío —le contesto—, no esperes más de mí. Ayer nos levantamos en Madrid a las 4:30 de la madrugada para salir en autobús desde el hotel al aeropuerto. A las cinco de la mañana, ya estábamos sufriendo largas colas de pie en el aeropuerto para mostrar el pasaporte, para recoger la tarjeta de embarque, para entrar al avión. Después, al llegar a Atenas, con aquel alboroto, más colas para recoger los equipajes, para tomar el autobús, para el embarque... Yo ya necesito cada vez más tiempo para recuperarme, y esto fue ayer mismo. Hoy, el palizón de Santorini me ha fundido, es demasiado para mi cuerpo. Antes me recuperaba en un rato, pero cada vez tardo más en hacerlo, hasta que un día, ojalá que tarde mucho en llegar, ya no me recupere nunca, hijo. Por eso hablo poco, porque evidentemente no estoy para pegar saltos, estoy cansado y con ganas de dormir.

Y prosigo con mi perorata como tengo por costumbre:

—Necesito tiempo para ponerme de nuevo en órbita, ahora simplemente estoy flotando en el espacio sideral, en el éter. Hoy es martes, el domingo, hace solo 48 horas, llegamos a Madrid tardísimo, nos fuimos a la habitación aproximadamente a la una de la madrugada, solo dormimos como mucho tres horas y media, más el rato de siesta del avión, enlatado, sin poder moverme. Tu madre iba cómoda porque es chiquitita, pero yo llevaba clavadas las rodillas en el pasajero del asiento delantero y mi cuarenta y ocho de pie, que no puedo dejarlo atrás, no cabía en el espacio de suelo disponible. Que conste que siempre tengo un cuidado terrible al pedir un billete de avión, diciendo: «Señorita, por favor, usted que es tan amable, míreme de arriba a abajo y deme por favor un billete junto a la salida de emergencia, que hay más espacio».

»Pero en esta ocasión no quedaban. Intenté entonces que me dieran asiento junto al pasillo, al menos así podría sacar las piernas pasillo adelante, aunque sufro recordando que más de una azafata ha tropezado en alguna ocasión, o que el carrito de los desayunos no quepa. ¿Qué otra cosa puedo hacer, Dios mío? No puedo disociarme de este cuerpo que me tocó en suerte.

»Entonces, hijo —continué—, lo único que me ocurre es que estoy ya un poco mayor, que estoy sobresaturado de temas profesionales y que acabo de empezar el viaje y ya estoy muy cansado de él. Pero, aparte de ello, todo perfecto, muy satisfecho de estar aquí con todos vosotros. No te preocupes.

Pero noto que Jose se queda incluso más preocupado que antes, claro está. Me mira fijamente, con sus también inmensos ojos claros insondables, heredados de su madre. Mi extensa explicación probablemente le pone incluso más inquieto.

Además de estos particulares inconvenientes físicos irresolubles, casi siempre coincide que llego a los viajes un poco amargado por los problemas de trabajo de última hora. No sé qué ocurre que, cuando hay unas vacaciones por delante, se acentúan los conflictos laborales o aparecen nuevos temas que me rompen los esquemas durante el viaje. O será que yo siento vértigo al dejar mis asuntos en manos de otros y me angustio sin motivo.

Antes, mi presidente me daba propuestas para que las reflexionase cuando tuviese tiempo durante el viaje, pero esta vez le he prohibido que me dé más sugerencias «para pensar», que ya me vienen ellas solas. Porque estos recaditos «prevacacionales» son bombas explosivas con espoleta retardada.

—Esta vez no admito recaditos, Juan— le avisé a mi presidente antes de despedirme—. Me voy con la mente en blanco, que ya se llenará ella sola. Tengo el cupo de problemas ampliamente superado en este dichoso 2008 y aún estamos en agosto. Además, los fertilizantes en este momento suben todos los días, no sé dónde vamos a ir a parar, esto es una barbaridad que explotará más tarde o más temprano. No sabemos nada sobre nuestro futuro, todo es una incógnita en estos momentos.

Aun así, a pesar del agotamiento, esta noche haré un gran esfuerzo e iré con mi familia al espectáculo del crucero a las 22:45, que es para el primer turno de la cena, el nuestro; para el segundo turno se realiza antes de la cena, a las 21:15, y como siempre, los últimos serán los primeros. Un turno asiste inmediatamente después de cenar y el otro antes de la cena para que no se yuxtapongan los horarios; todo está bien estudiado en este crucero.

Me llevaré una chaqueta, porque después subiré a la cubierta del piso 11 a respirar la brisa marina para encontrarme un rato conmigo mismo, por fin. Solo el aire, el mar, la noche, yo... Aunque pensándolo mejor, posiblemente también Trini, mi hermana y algunos más quieran incorporarse. Así es la vida en los benditos cruceros.

Estoy muy negativo, debe ser el cansancio del primer día. Mañana, después de descansar, veré todo de otro color.

# 4. LA SUCCIÓN

Efectivamente, me levanto hoy animado y positivo. He luchado mucho para lograr estar aquí y voy a disfrutar de ello sí o sí, ya que me esperan en cubierta once de las personas que más quiero en el mundo.

Y total, no estoy tan mal instalado. El camarote está bastante bien, la verdad. Buenas vistas gracias al gran cristal al exterior y no el típico pequeño ojo de buey que esperaba. Un lujo. Es amplio, tiene su propio cuarto de baño y el váter, ojo, es succionador, es decir, de los modernos de ahora. No sé exactamente por qué razón los instalan así, quizás para gastar menos agua. El sistema hace el vacío en las tuberías y succiona lo que haya en el váter, que no son joyas precisamente.

Cuando le das al botón, este no actúa si no se ha bajado la tapa. Reflexiono sobre ello y pienso que, si fuese factible activar dicho botón estando uno sentado en el váter, entonces el vacío produciría que tu trasero fuese succionado para adentro del sanitario, se atasque y no pueda salir. Me parece graciosa mi ocurrencia y le traslado mi interrogante a mi hijo Jose. El comentario se convierte en el tema del día y todos tienen algo que contar al respecto. Jose comenta que le ocurrió a un conocido en otro crucero y quedó «prisionero por la depresión», «atrapado en el retrete»; en fin, un espectáculo un tanto vergonzante para la víctima y posiblemente hilarante para los demás. Es difícil de creer, pero, desde luego, no voy a intentar hacer esa prueba.

También nos relatan (me lo dan como hecho real) que una vez, en este mismo barco, un viajero quedó apresado por «succionamiento» y que no era posible extraerlo por muchos tirones que le dieron; lo intentaron conjuntamente su mujer, sus dos hijos y un matrimonio del camarote contiguo que eran amigos suyos, haciendo lo que podemos llamar una cadena humana que salía algunos metros por el pasillo, agarrado uno a la mano del otro y tirando. Finalmente llegaron los servicios técnicos del buque, ya expertos en este problema, los cuales quitaron los tornillos de la tapa y desplazaron esta lateralmente, lo que hizo que entrara aire. El sonido fue algo así como cuando se abre un paquete de café cerrado al vacío, pero en plan bestia: Sssssssshhhh...

El caballero estaba muy dolorido y lo trasladaron a la consulta médica de a bordo. Como no dejaron entrar a su señora, ella esperó en la puerta prudentemente y al ver salir a la doctora en un receso, le preguntó:

—Doctora, ¿cómo está el culo de mi marido?

La doctora la miró y le respondió:

—Está bien, pero no tanto como para ponerlo en un marco.

Dejando a un lado esta anécdota, tras estar conversando un rato, mi hijo Jose me bombardea con una larga batería de preguntas:

—¿Dónde venden tu libro *Antequera, otra vez*? Es que tengo unos amigos que quieren comprarlo.

—¿Cuántos has vendido? —me inquiere a los pocos minutos.

Y es que pregunta todo y no tengo más remedio que contestarle:

—El ayuntamiento de Antequera se encarga de la distribución. Creo que se han vendido diez en la librería Macías. Todo un triunfo.

—¿Vas a seguir escribiendo? —insiste.

—Sí —le contesto con firmeza—, aunque no me lea nadie, seguiré escribiendo en cuanto tenga tiempo.

—¿Y sobre qué escribirás?

—Seguiré desarrollando en su mayoría temas similares. El próximo posiblemente se llame *Antequera de nuevo.*

—¿Es que no tienes más temas?

—Pues sí, pero este que tengo, por ahora no se acaba —concluyo, poniendo fin al interrogatorio.

Y realmente lo pienso así ahora en el camarote, donde estoy escribiendo las anécdotas de este día alegre y familiar, llenando mi espacio y mi tiempo en lo que de alguna manera me distrae. Lo tengo todo en la vida, pero me falta una buena base literaria, la cual mejoraré posiblemente cuando me jubile, para seguir haciéndolo más y mejor. Por ahora, mi objetivo inmediato está claro: disfrutar de estas vacaciones en el crucero, anotando las vivencias.

# 5. DE TURISMO EN RODAS

Es día 30 de julio de 2008. Hemos navegado toda la noche y no sé a qué hora hemos atracado en el puerto de Rodas. Cuando me despierto a las ocho, compruebo que no está Trini. Seguro que ha salido procurando no hacer ruido y se ha ido a cubierta, a tomar el aire. Ella sabe que, en la medida de lo posible, no quiero madrugar en las vacaciones; desde hace años y años vengo inexorablemente levantándome a las 6:45 para irme al trabajo.

Aquí no hay burros como en Santorini, ni mulos para subir al pueblo, ni teleférico, así que al menos evito estas colas. Soy un «anti-colas», me alteran las largas esperas de pie. Lo siento, no puedo remediarlo.

Salimos de la embarcación y a pocos metros nos encontramos una hermosa muralla, dentro de la cual está la ciudad vieja y, ¡cómo no!, tiendas de *souvenirs* y más tiendas, tiendas y tiendas. Todo tiendas. Calles enteras de inacababIes tiendas. Sitio ideal para enfermos compradores compulsivos, pero a mí me aburren tantas tiendas clonadas, idénticas, y me pongo nervioso cuando veo a mi familia dirigirse a ellas repetidas veces para emerger con multitud de paquetes y bolsas, que supongo vienen cargadas de cosas que no servirán para nada. Y además, cosas nada baratas.

Mientras espero, decido comprar un libro en español, *Los caballeros de Rodas*, y también varios *bookmarks* o marcapáginas para entendernos, algunos de ellos de tela para variar. Es algo que mi hermana Mely tiene por costumbre en sus viajes, comprar «marcadores de tela» y yo no tengo ninguno de este tipo, así que no voy a ser menos.

Los niños están contentos, solo María continúa ligeramente irritable en ocasiones, pero es normal, solo tiene tres años. Nerea ya tiene cuatro y va siendo cada vez más razonable. He oído decir a varios familiares que yo a esas edades era un niño insoportable, así que no soy el más indicado para dar consejos. A estas alturas, ya ni sabría calcular hasta qué punto de «insoportabilidad» habré llegado. Lo más normal es que los caprichos aumenten con la edad; la vida es, en definitiva, un capricho.

Mi padre y mi madre lo tenían claro: «¡Un viaje con niños pequeños, ni hablar! ¡Los niños en casa, en sus rutinas, que si no, no disfruta nadie!». También es verdad que en aquellos tiempos los viajes eran otra cosa, con un Seat 600 sin aire acondicionado, con trenes de carbón, carreteras estrechas, con seis hijos y con curvas... Un martirio para todos. Los aviones eran por entonces un lujo asiático impensable que nunca contemplamos.

Seguimos en Rodas, la isla más turística de Grecia y la cuarta en tamaño. A pesar de las tiendas, conseguimos visitar fabulosos enclaves y es fantástico comprobar que la familia disfruta del ambiente, los monumentos y la compañía.

Hoy en el camarote posiblemente empezaré a leer *El monje que vendió el Ferrari*, que dicen que es el libro más leído del mundo en la actualidad. Hace un tiempo, me regaló un ejemplar un amigo portugués, Pedro Ministro, aunque no es ministro de nada, es gerente de una empresa química. Lo malo de este regalo es que estaba en portugués, con una dedicatoria preciosa escrita en castellano, y nunca llegué a leerlo, claro está. Cosas de la vida, después de haberlo buscado en España, lo he encontrado en Rodas en nuestro idioma por casualidad. ¡Por fin voy a leerlo!

Hemos tenido que estudiar a fondo la complicada logística de los almuerzos y las cenas en el crucero para ponernos de acuerdo y organizar bien nuestro grupo de una docena de personas, de edades y gustos tan diversos.

Existen dos comedores, uno en la planta 7 donde se sirve a la carta y otro en la 11, que es autoservicio. Mi hermana prefiere el restaurante a la carta, le gusta que le sirvan. Yo también me inclino por esta propuesta, pero gana la mayoría y hoy nos vamos a la planta 11, ya que los mayores hacen trampa y votan, según dicen ellos, por voto delegado de los niños. Trini, como buena abuela, dio el voto al grupo donde iban los pequeños para disfrutar de su compañía. En la cubierta 11, me voy directamente al *grill* para no poner a nadie tenso con mis peticiones de menú. Elijo carne a la plancha, patatas fritas y una ensalada y que me dejen de historias ni inventos. Así, como Dios manda y después, pues lo de siempre, directamente un café.

Mientras estábamos almorzando, mi hijo Jose vuelve al turno de preguntas, ya habitual en aquel crucero y a lo largo de la vida.

—¿Te pasa algo?

—No, no. Estoy ensimismado, estoy observando y, además, estoy pensando. Para que veas que sé hacer dos cosas a la vez.

—¿Y en qué piensas?

—Pues mira, Jose, te hago un breve resumen. Pienso en los nietos, en la evolución de lo que llamamos vida, en el ciclo vital, en que unos nacen y otros desaparecen del mundo. Pienso que, al vivir en ciudades distintas, la familia no tiene muchas oportunidades de reunirse. Y siento que formamos una familia bastante unida, por suerte y para alegría de todos. Y que lo pasamos muy bien y a gusto estando juntos.

Después de este discursito, detecto bullicio en la cola del autoservicio. La gente se pone los platos en muchos casos «colmataos» y van con uno en cada mano, veo cómo en la cola hay algún que otro codacito para que no le quiten el sitio ni se cuele nadie. También observo personas muy discretas, que se ponen muy poca cantidad en el plato y si tienen más ganas vuelven a la cola eterna. En el «todo incluido» (TI) se retrata cada persona, pues parece que algunos quieran comerse todo ellos solos. Me quedo sobrecogido. Otro gallo cantaría si fuese «nada incluido» (NI) en el autoservicio, o sea, ver si se puede vivir con las reservas del cuerpo.

Mi sobrino Juan, en época de desarrollo, se come él solo medio bufet, repite y repite. Come más que una lima. Los antiguos decían a tal respecto: «Antes te compro un traje que invitarte a comer, pues me sale más barato». Así pues, he de vigilar su crecimiento, para no invitarlo a comer cuando sea mayor. Juan no pierde un detalle, ya ha recorrido el barco de arriba abajo varias veces, curioseando hasta el último rincón permitido.

—Pepe —me dice Trini—, después de la piscina iré a que me den un masajito y después a la peluquería.

—Yo me voy a descansar al camarote —dice David— y luego al *ping-pong*.

Yo estoy cansado de tanto descanso.

Trini ha comprado un sombrero elegante para vestir.

—Me lo he comprado para la boda de nuestra compañera Rahma, que es pronto. ¿Te gusta? —pregunta, poniéndoselo.

Esto de decir la verdad no lo aconsejo, es mejor permanecer callado. Después de observarlo detenidamente, he contestado:

—Parece que es para ir a segar.

Y se monta un pollo sobre lo «esaborío» que soy, sobre mi falta de gusto, sobre lo poco agradable que puedo llegar a ser. Todos los demás la respaldan a ella, como es habitual y tradicional, y simplemente por el hecho de dar una opinión cuando me la han pedido. Si no se me dice que opine, me hubiese estado callado. En fin, deduzco que la próxima vez que me pregunten, debo callarme también para no herir susceptibilidades. Hay que disimular. O mentir.

Además, lo cierto es que el sombrero es bastante grande, ella no es muy alta, más bien bajita. Camino al camarote, me asevero más en mi respuesta porque voy andando a su lado y no la veo a ella, solo veo la parte de arriba del sombrero; ello me produce una extraña sensación. En vez de ir con mi mujer, me siento como si caminara junto a un sombrero andante.

El sombrero y todo lo demás se paga con una tarjeta que te dan al entrar al crucero. Vamos a ver a cuánto asciende la cuenta al salir y pasar las tarjetitas por caja. Aunque de vez en cuando y para que no se diga, invito a algo. Que ya estoy siendo bastante criticado.

—Mañana en Miconos alquilaremos motos —propone mi hijo Jose.

—Vale —respondo yo.

—No —interfiere Trini—, tu hermana Mely no se atreve con la moto, no vamos a dejarla sola.

—Perfecto. —Acepto enseguida, pensando que tras el episodio del sombrero de segadora, es mejor dejarse llevar y dar siempre la razón, así habrá paz y no discusiones, lo mejor en todo momento y sobre todo en vacaciones. Además, sinceramente, me parece estupendo, es un gran alivio pues lo de la moto fue un farol mío; nada más lejos de mi intención que ir dando motazos en Miconos.

Esta mañana compré un cinturón para mí, el más largo que había, para poder abarcar mi perímetro. Yo he venido al crucero con tirantes en el pantalón porque estando en Antequera, justo antes de salir, la hebilla del cinturón se me cayó. La busqué, la encontré, pero no así el tornillo de la hebilla. Allí no tenía más cinturones, así que tuve que resignarme con unos tirantes que hallé en el fondo de un cajón, con los que me sentía un tanto incómodo. Posiblemente eran los únicos del barco, ni siquiera se veían niños usándolos. ¡Y menos mal que los tenía en Antequera! Si no, tendría que haber venido con una cuerda en la cintura. Hubiera sido mucho peor... Yo siempre dando la nota.

Así que, como me siento juzgado y examinado por mi familia por presentarme en tan magnífico crucero con tirantes y camisa de oficina y me urgía cambiar de estilo para evitar reprimendas, me he comprado un cinturón Armani (lógicamente de imitación), por el módico precio de 5 euros. Puede que este me dure más que los que compro habitualmente en una gran superficie, tan finos tan finos, tan caros tan caros, tan delicados, que por una razón u otra me duran bastante poco. He elegido el más largo que he encontrado y aun así me viene muy justito.

—Jose —me dice Trini—, la mitad de las presillas del pantalón las has dejado fuera del cinturón. Tienes una pinta horrible, pareces un indigente.

Bueno, no doy una. Soy siempre un verdadero desastre con la ropa. Ahora hay que quitarse el cinturón, pero no es correcto hacerlo en público y, además, sería espantoso que se me cayesen los pantalones con el ridículo que haría, sería como un capítulo de *Mister Bean*. No veo claro tanto perfeccionismo, deberían dejar de observar continuamente mi vestimenta y mis manchas, estamos de vacaciones.

Poco a poco, me voy reseteando. Acostumbrado a un ritmo mental tremendo y una carencia total de ritmo físico, de pronto encuentro que no tengo ritmo mental, tengo encefalograma plano y, sin embargo, aguanto algo mejor físicamente. Con lo cual es normal que se me rompan un poco los esquemas. Además, suelo tener mucho tiempo personal de concentración en mi día a día profesional y no estoy acostumbrado a tanta convivencia, tanto alboroto a mi alrededor.

Hay que tener en cuenta también que mi mujer y yo llevamos ya quince años solos en Granada. Los hijos y nietos están todos viviendo en Sevilla. Lo que ocurrió en nuestro caso es que, en lugar de irse los hijos de casa, como suele ser normal, pues nos fuimos los padres, instalándonos en Granada por motivos de trabajo y quedaron ellos allí; el mundo al revés. Se fueron casando (menos Jose, que sigue solterísimo por el momento), y nos vemos de tarde en tarde, aunque mantenemos contacto telefónico, sobre todo la madre. Con tantas emociones, necesito tiempo de adaptación, una entrada gradual como le hacen a los colegiales.

Mañana visitaremos Miconos, que dicen es una de las islas griegas más típicas. Pertenece al grupo de las Cícladas, archipiélago del que no tengo ni remota idea, así que estoy intrigado y con ganas de aprender. Esta noche hemos estado el grupo al completo después de la cena en la cubierta 11. Ha sido muy bonito sentirnos todos juntos, sanos y felices frente a la inmensidad del océano, respirando la brisa salada y escuchando las olas.

Después, algunos han ido al espectáculo de magia. A mí la magia me aburre una barbaridad, así como los juegos y los acertijos, por eso he dado una vuelta por las instalaciones y me he quedado un rato con Jose viendo jugar al *black jack* en el casino. Aun así, me han dado dos o tres leccioncillas y he jugado un poquito, bueno más bien he perdido 50 euros, yo siempre pierdo. Me viene bien este escarmiento para recordar que solo tengo que jugar a la lotería en Navidad y, aunque jamás me ha tocado nada, conservo intacto año tras año por tradición el anhelo eterno de que me toque alguna vez, aunque sea solamente la devolución.

Mi hija se acerca y me dice:

—Papá, estás poco comunicativo.

—Es que me he puesto en modo «observativo», contemplando el mundo y sus habitantes desde un barco, que no es frecuente tener esta perspectiva. Pero no os preocupéis más por mí, por favor. Cada uno disfruta a su manera y yo estoy feliz de estar aquí, gozando de vuestra compañía, solo que tengo dificultades de comunicación por lo visto, no sé expresarlo. Y soy así de feo, qué le vamos a hacer.

Eva me dirige una tierna sonrisa y me abraza. Es muy linda, bonita, inteligente, entusiasta. Tiene las ideas claras, es práctica y resuelta. Es mi hija preferida, yo se lo digo siempre.

Ella me responde:

—¡Claro que soy tu hija preferida, soy la única hija!

Única, eso es lo que eres. Irrepetible y fantástica.

# 6. «DISFRUTANDO» DESDE POR LA MAÑANA EN EL CRUCERO

Es día 31 de agosto de 2008. Son las ocho de la mañana y ya me encuentro cansado. Seguramente nací cansado. Sin embargo, se me alegran los ojos al ver entrar al comedor a mi nuera, radiante, con sus dos hijas y experimento una agradable sensación de agradecimiento a la vida por tener el privilegio de esta convivencia con mi divina familia. Pero la sensación se esfuma unos instantes después.

—Mamá —dice muy seria mi nieta Nerea a su madre cuando me ve desayunando, mirándome de reojo.

—Mamá —insiste la niña—, yo no quiero sentarme al lado del abuelito.

El día no ha hecho más que empezar y te encuentras con esa frase, que te deja sobrecogido, congelado. Dicen que los niños son muy sinceros, pero si fuesen un poco más mentirosos o más delicados en estas cosas, no estaría mal.

—Bueno —digo yo, intentando encontrar una salida airosa a estos desplantes infantiles que hay que relativizar—, pues me voy a otra mesa (y así de paso evito estar apretujado con todos los demás en la misma mesa).

—Ves tú —responde incómoda la dulce madre—, el abuelo Pepe se ha ido a otra mesa enfadado.

—No, no os preocupéis —aclara mi hermana Mely, como si me hubiera leído el pensamiento—. Se ha ido aprovechando la ocasión, porque en otra mesa él solo, está más cómodo.

Mely tampoco se calla, podría disimular un poco y no dejarme en evidencia, que ella no es una niña precisamente.

Bueno, relativizo de nuevo ante estos pequeños altercados y me consuelo rápidamente desayunando dos huevos, o mejor dicho, dos diminutos huevecillos. No es que sea quejica, es que para conseguirlos he pasado veinte minutos exactamente de pie en la cola, así que me he espabilado para pedir simultáneamente mi café; ya estoy aprendiendo (80 % de café y 20 % de leche que es como lo pido, para que no se olviden).

Yo todo lo peticiono cubicado, alguna vez que otra me tomo un *whisky*, y suelo decir:

—Por favor, tráigame un *whisky* en copa de culo gordo y de cristal fino, copa grande, sin hielo, sin agua, seco, marca JB (que suele haber en todas partes), y unos 60 centímetros cúbicos de *whisky*.

El que escucha mi pedido, si es la primera vez, se sorprende de la minuciosa petición. Si no es la primera vez, sencillamente suele sonreír, seguramente para que no adivine lo que piensa al respecto.

—¿Cómo quiere la copa, grande o pequeña?—

La quiero grande, que se desparrame entre los dedos para que no se me caiga, y a ser posible, que la apertura por la parte superior sea más estrecha que la base, para que los vapores alcohólicos en cierta medida no se vayan y queden allí. Así, al meter la nariz, se huele el *whisky* mucho más intensamente que si fuese un vaso abierto, porque el olor debe pasar de la copa directamente al cerebro mientras bebes y la parte líquida inunda el aparato digestivo. ¡Ah!, por supuesto, el agua la quiero servida en un vaso aparte, con hielo, pero no mezclada con el *whisky*, por favor. Y el hielo lo prefiero picado, si puede ser. Me fastidian los cubitos, pues me dan en la nariz y me producen frío en la misma.

Estas peroratas mías tienen distintas reacciones en los camareros, claro está. Pero me distraen y divierten a mis hijos... a veces. Otras, sufren por empatía, poniéndose en el lugar del camarero o camarera, que soporta estoicamente la incontinencia oral de su padre. Pero hoy resulta que se mondan y les hace gracia, qué cosas.

Me encantaría tener una máquina de hielo picado y tomar siempre el agua bien fría. Pero tiene sus inconvenientes, por ejemplo, si el hielo picado se queda un poco pegado al cristal. Inconscientemente cuando echas la cabeza hacia atrás para que el vaso esté más vertical y así poder beber el poco líquido que quede, llega un momento en que el hielo picado se desprende del vaso y te cae sobre tu cara. Si no es agua y es limonada, quedas hecho una pena. Lo sé por mi larga experiencia en manchas.

Me admiro de mis propios pensamientos, de lo que dan de sí unas vacaciones, es increíble las tonterías que puede pensar uno cuando le sobra tiempo. Diviso a Trini en la terraza y le pregunto:

—¿Dónde estabas? Pensé que habías desaparecido.

—Estaba en la piscina y me ha venido muy bien encontrarte. Dame tu tarjeta electrónica, que la mía se me ha olvidado en el camarote.

—No, mejor voy a abrirte la puerta yo mismo. No me fío, la tarjeta para mí es como un libro o unos calzoncillos: uso ambos, pero no los presto.

En el camino desde la cubierta 11 a la 6, Trini se me pierde. No puedo entenderlo. En estos momentos sí que me vendría bien que llevara el sombrero de segadora, la localizaría enseguida entre el gentío.

«La culpa es tuya», supongo me dirá cuando la encuentre, porque ya tengo asumida mi torpeza y la culpabilidad consecuente. Subiré de nuevo a ver si la repesco.

Busco y busco. Por fin la encuentro en el rellano de una de las seis escaleras que hay en el barco, esperándome, según ella. ¿Cómo es posible que sepa en qué escalera la voy a buscar yo? La he encontrado puramente de casualidad.

Nos encontramos con los demás y notamos que la adorable benjamina del grupo, mi nieta Aitana, tiene unas pequeñas manchas rojas. Poco después, sus padres deciden llevarla al médico y les dice que cree que es varicela; de inmediato la doctora les urge a que se recluyan en el camarote y no salgan del mismo ni sus padres, ni ninguna de mis dos nietas, hasta nueva orden. Informarán al capitán y se pondrán en contacto con ellos. En esas estamos.

Yo me alarmo porque sé lo que ocurre con las enfermedades contagiosas en un barco, de ello me ha hablado mucho en Motril Juan Carlos Ortigosa, de S. A. López Guillén, experto en temas marítimos. Todos me tachan de exagerado, de pesimista. Pero a mí no me huele bien el asunto y temo que nos complique la fiesta.

Si yo hubiese sabido que iban al médico por ese motivo, quizás les hubiese recomendado que no lo hicieran por ahora, que se aislaran y esperaran hasta ver si las manchitas evolucionan o no, vaya que sea un simple sarpullido del calor o algo así. Mi alarma vital se enciende y se me pone de color rojo intenso.

Como David, Rocío y sus dos hijas no pueden abandonar su camarote, de momento los demás, algo descontentos, se van de excursión. Yo decido quedarme en el barco, por dos motivos: uno porque sinceramente, me aburren las islitas idílicas, y otro y más importante, porque prefiero quedarme cerca de David y familia, por si necesitan algo.

Otro día «maravilloso» con las complicaciones de la pequeña. Espero que mañana sea mejor. Mi más ferviente deseo en estos momentos es que la pequeña Aitana pase buena noche y se despierte con su bonita piel sin manchitas, para poder seguir este recorrido tranquilamente.

# 7. LA MALDITA VARICELA

Hoy, la doctora pregunta a los padres de Aitana si la niña ha estado en contacto con alguien que tuviera varicela. Ellos informan que han tenido conocimiento de que unas niñas, vecinas de Olivares (Sevilla) donde ellos viven, acaban de contraerla. Por lo que ya no albergan la menor duda de que la niña también la padece.

Total, que los cuatro siguen recluidos en su camarote. No contábamos con esto, menudo planchazo... Los responsables del crucero llaman rápidamente a su compañía aseguradora, donde les indican que tienen que desembarcar a los cuatro de inmediato en el puerto donde nos encontramos, que es en Miconos, y permanecer en la isla durante unos días. Deberán acudir a un hospital lo antes posible y buscar un hotel porque el barco continuará su travesía.¿Que se queden en Miconos, allí perdidos, no sabemos cuánto tiempo? Esto es una barbaridad, un auténtico despropósito. David no habla inglés, Rocío tampoco. Todos estamos perplejos, no reaccionamos. Una cosa es tener ciertos comprensibles inconvenientes durante un viaje, y otra es que nos separen tan lejos de nuestro hogar y dejándoles con dos niñas, una de ellas con varicela, en una isla desconocida. Parece un mal sueño.

Nos indican poco después que la compañía de seguros ha puesto un médico a nuestra disposición en Miconos, y que un taxi les espera. Mi hijo Jose decide acompañar a la familia de su hermano para actuar de traductor y se van los cinco juntos. Vuelven animados porque el médico les ha tranquilizado, asegurándoles que no hay problema, que pueden viajar tanto en barco como en avión, proporcionándoles un documento en griego y otro en inglés que así lo certifica.

Todos respiramos tranquilos. «¡Qué bien! Asunto solucionado», pensaba yo. ¡Qué inocente! Al poco rato de su llegada, la dirección del barco le comunica a David que tienen quince minutos para preparar las maletas y desembarcar con toda su familia. Él y su mujer se quedan desconcertados y preocupados ante este cambio repentino.

Se dirigen rápidamente a su camarote a recoger su equipaje, y a los pocos minutos me llaman al móvil para despedirse. Nos explican que se encuentran ya en la puerta de salida del barco, que les han acompañado allí tras hacer las maletas a toda prisa, pues éste debe zarpar enseguida y es preciso que ellos desembarquen previamente, de hecho están a punto de hacerlo en ese momento. Ahora sí que reacciono: les ordeno que no se muevan de allí hasta que yo llegue, que no se les ocurra poner un pie fuera de la embarcación".

Bajo tan velozmente como mi pobre cuerpo anquilosado me permite, y al verlos cargados con sus niñas, el coche de bebé, las maletas y esa expresión de incertidumbre en sus caras, se me hiela la sangre en las venas. Se me paraliza el alma. Intervengo rotundamente, con autoridad y un tono solemne diciendo:

—Oigan, antes de que ellos desembarquen, es imprescindible reservar hotel y tenerlo todo muy claro. Además, tendrá que venir la fuerza pública, con un escrito del juez de guardia y un notario para dar fe. Si no es así, mi hijo David y su familia no salen de aquí. Y cuando ello ocurra, si hemos de salir, será todos juntos, pues así hemos venido: o todos, o ninguno.

*Fuenteovejuna*.

Nuestro motín desencadena un caos imposible de describir. Por una parte, los responsables del barco se mantienen en respetar su horario y no quieren retrasar la salida del mismo. Por la nuestra, nos negamos en bloque a abandonar la embarcación hasta que no se cumplan los requisitos formulados. Transcurren unas horas de tensión, de sudores fríos, de anhelos, durante las cuales aprovechamos para hacer la gestión paralela de buscar un hotel, para prevenir. Nos convertimos en un equipo familiar eficiente, pero los resultados no son los deseados: nos reportan que la isla está rebosante de turismo. Es agosto, temporada alta y no cabe un alfiler.

Mi cerebro se dispara calculando el coste económico que esta situación conllevará. Los precios de los hoteles están por las nubes en estas islas y somos doce personas las que deberemos alojarnos y mantenernos durante un tiempo desconocido. Si se alarga, el importe será un desastre para mis menguadas arcas. Mi economía no está en este momento para esos trotes, ni lejanamente. Las compañías de seguros, con sus diligentes y hábiles abogados, como mucho se harán cargo de algunos costes de los cuatro miembros de la familia de Aitana, pero afirmarán que los ocho individuos restantes deberían haber seguido la singladura prevista, y no correrán con dichos gastos. Aun así, no quiero dejarles solos en Miconos, no queremos separarnos de ellos. La salud es lo primero.

En un momento dado, miro a mi alrededor y cada uno de los adultos del grupo tiene su móvil en la mano y está apurado, haciendo una gestión diferente, en vez de estar disfrutando de la esperada travesía en nuestro magnífico viaje. Todos quieren ayudar, intentan remar en la misma dirección y obtener el mismo objetivo: continuar juntos. Mi gran equipo familiar me llena de orgullo en medio del desastre.

Yo decido llamar a la empresa con la que he contratado el viaje. Después, me pongo en contacto con la compañía de seguros. Todos muy amables, pero presiento que hay lavado de manos en general, no se pronuncian ni resuelven nada. Me llaman de vez en cuando educadamente preguntando por la salud para quedar bien, pero no atisbo solución ni me dicen lo que yo espero que me digan: «No te preocupes, que nos hacemos cargo».

Hablar con la compañía de seguros es un poema, la voz enlatada te recibe después de mucha insistencia: «Bienvenidos. Por motivos de seguridad, su voz será grabada».

Las operadoras comunican y comunican hasta que por fin oyes una vocecita que te deja aún más crispado: «Todos nuestros operadores están ocupados, manténgase a la espera». Y después, de nuevo la musiquita eterna. Una y otra vez.

¿Qué estarán haciendo los empleados del seguro? ¿Estarán atendiendo a otro desahuciado procedente de otro barco? ¿Estarán en el baño todos a la vez?

Yo sí estoy bañado, pero en mi propio sudor.

¿Para qué sirve el documento del médico de Miconos al que nos ha enviado el mismo barco? No entiendo nada.

Por fin, en vista de lo visto, comprendiendo que estamos decididos a no desembarcar y que el barco tiene que zarpar, se nos anuncia muy formalmente:

—Váyanse todos a su camarote, el barco va a efectuar su salida en pocos minutos. A David y toda la familia los desembarcaremos pasado mañana cuando atraquemos en Dubrovnik (Croacia), que es el próximo puerto.

Mi autoridad, por una vez, ha surtido efecto. Suspiro general de alivio y vuelta a nuestros camarotes, menos la familia de Aitana, que queda esperando a que le asignen uno nuevo, más apropiado a sus circunstancias.

# 8. CAMINO A DUBROVNIK (CROACIA)

Navegamos hacia esta ciudad con el miedo en el cuerpo, sabiendo que allí nos tendremos que separar y eso constituye un serio problema, ya que al ser un país que está fuera de la Unión Europea, los jóvenes padres se encontrarán con sus dos niñas pequeñas y con más dificultades aún que en una isla griega.

Me reúno con el capitán, por cierto muy amable, en su magnífico despacho, que dispone que sitúen a la familia de la pequeña en una *suite* con terraza para mayor comodidad, de lo cual me informa, pero advirtiendo que hay que desembarcar en Dubrovnik, que no han querido demorar la salida del buque y nos conceden este favor. Con exquisita amabilidad, pero dejando claro que tienen que abandonar el barco próximamente.

Me expone detalladamente las pautas legales que se recogen en su manual respecto a viajeros que enferman de enfermedades contagiosas (como es el caso de la varicela), a los que hay que desalojar obligatoriamente en el primer puerto de llegada. Estas cosas deberían saberse antes de sacar el billete, pero la realidad es que nadie avisa de que «no se admiten niños que no hayan pasado la varicela». Sería más sencillo pedir un certificado de vacunación, pero así supongo que tendrían menos clientes. Y subimos ciegamente a bordo sin saber los riesgos que corremos.

El capitán me relata diversas incidencias acaecidas con anterioridad, como una ocasión en la que se vio obligado a retener a todo el pasaje durante cuarenta y cinco días en el buque sin poder desembarcar nadie, porque había unas doscientas cincuenta personas sufriendo diarreas por lo que se consideró epidemia y tuvieron que guardar absolutamente todos una cuarentena.

Al abandonar su hermoso despacho, siento que tras tanta amabilidad y conversación, que agradezco sinceramente, mi estómago continúa igual de encogido que lo tenía antes de entrar al despacho. Tengo que hacer algo, así que sigo intentando hablar de nuevo con la compañía de seguros, así como con la agencia de viajes con toda la frecuencia que puedo y llego a la siguiente conclusión: nadie se pringa. Hay verdaderos expertos en salirse por la tangente. Vamos a ver qué pasa, todo es incertidumbre.

David nos telefonea para que sepamos que ya están instalados los cuatro, pero no en un camarote, sino en la «Royal Suite». Ríen divertidos por la oportunidad de disfrutar de la mejor estancia del buque gracias a esa nimiedad de la varicela, que son cuatro lunarcitos de nada en el caso de Aitana. Como detalle, les han llevado juguetes para sus hijas y les han asignado un camarero solo para ellos. Eso sí, cualquiera que entre debe hacerlo con mascarilla, aunque David no les deja pasar con ella y les dice que «van a dejar taradas a las niñas», ya que se ponen a llorar cada vez que ven personas «disfrazadas».

Le propongo a mi hijo Jose, que domina el inglés, que desembarque junto con David y su familia en Dubrovnik y permanezca con ellos hasta la vuelta a nuestro país. Como era de esperar, no hay que insistirle pues no ve ningún inconveniente. Por el contrario, está de acuerdo en que es lo mejor. Recibo toda la colaboración posible de mis hijos, la misma que mantienen siempre ellos entre sí. A Eva no le propongo nada porque va sola, con su hija pequeña y nuestro sobrino Juan a su cargo.

Si este viaje lleno de contratiempos ha servido para algo es para constatar, más que nunca, que Trini y yo tenemos tres hijos estupendos, los cuales, por suerte inmensa, se llevan de maravilla. Formamos como una piña para lo bueno y lo menos bueno, si algún padre o madre me lee sabe lo importante que es esto y la satisfacción que produce.

Miro a mi alrededor y los veo dispersos por la cubierta, pero coordinados y unidos, intentando que transcurran las horas lo mejor posible, procurando sacar partido al tiempo que nos queda en el crucero, pese a los inconvenientes.

Observo a Jose, tan educado, inteligente y cortés, que sonríe a su alrededor en ese momento. Siempre cuida a sus hermanos, no quiere que les falte de nada. Es simpático, sensible, con un sentido del humor muy especial y generoso al máximo. Pendiente de cada miembro del grupo en todo momento.

Eva, a su lado, con esa chispa. Una persona brillante. Guapa por dentro y por fuera, una mujer fuera de serie, ordenada, animosa, emprendedora y eficaz. Segura de sí misma en todas y cada una de las situaciones.

Y David en su camarote, intranquilo pero manteniendo su gracia y buen humor de siempre. Un buen padre, inteligente, trabajador, deportista, noble, de buen corazón. Y con una gran mujer a su lado, una mujer que vale su peso en oro. Una preciosa familia.

Es una tranquilidad y un orgullo contar con unos hijos así. Esto lo compensa todo.

Este episodio de la varicela me ha servido para ver la gran cohesión y unión familiar de la que gozamos. Pienso que, en parte, el hecho de que desde 1993 se quedaran los tres hermanos solos en Sevilla sin nosotros, les sirvió para que se organizaran, trabajaran en equipo y hubiese más unión y complicidad de la normal, madurando prematuramente.

Pero sigo muy inquieto por esta situación, no consigo pegar un ojo. Dubrovnik es Croacia, y eso es un gran contratiempo. Pienso en mi querida Aitana de ojos azules, la protagonista que recibió sin parpadear la ducha improvisada por la escotilla de la barcaza y que tanto nos hace reír y disfrutar, la cual puede transformarse próximamente en ... no sé, una extraditada contagiosa *non grata*.

Con toda esta situación que se ha generado, mi hermana Mely está descompuesta y Trini lívida, con cara de muerta, pero muerta de varios días. Nuestros formidables hijos aguantan el tipo, pero los conozco bien: la decepción y la procesión van por dentro, de la mano. Después, cuando pase un tiempo, supongo que nos reiremos recordando este viaje fallido en que uno se gasta el dinero para sufrir y pasar angustias, y quizás al volver hasta tienes que oír el típico comentario: «¡Qué suerte tienes!, ¡qué pedazo de viaje!». ¿Qué se contesta en estos casos?

El crucero sigue la trayectoria prevista, continuando con su navegación nocturna y con sus numerosas actividades para llenar las horas al numeroso pasaje de la mejor manera posible, ajeno a nuestros problemas, sin verse alterado por los temores y sobresaltos de este pequeño y extraño grupo español formado por una docena de seres, un variado surtido de todas las edades. Veremos qué nos deparan los siguientes días.

# 9. ESTANCIA EN DUBROVNIK

Camino de Dubrovnik, se nos avisa que la noche del 31 de julio de 2008 es Carnaval en el crucero y se celebra en el salón de actos; hay que acudir a la cena vestido de carnaval. Yo no tengo la intención de vestirme de «máscara». Además, no lo necesito, bastante feo soy ya. No tengo ni cuerpo ni ánimo para ello. No me gusta el carnaval. Iré sin disfrazar y seguro que no desentono nada.

Mientras llega la hora de empezar el espectáculo, se toca música en vivo y nos quedamos sin palabras al ver a mi nieta María que se sube al escenario, con solo tres años, bailando con una gran soltura, como si lo hubiera hecho todos los días de su vida. Ahora no está penosa porque le encantan los escenarios, apunta a estrella, ya que por lo visto las estrellas empiezan de pequeñitas. Mientras la miro, maravillado, me vienen al pensamiento las otras dos nietas encerradas en su camarote, nerviosas por estar presas.

Me intranquiliza dejarles en Dubrovnik, no lo veo nada claro, me parece muy arriesgado. Me siento desolado y desbordado. Esta mañana estuve intentando contactar con Felipe Arizón, mi buen amigo de Málaga, para consultarle sobre este tema, pero no teníamos cobertura y no ha sido posible. Él es un magnífico abogado especializado en temas marítimos, por lo que mañana mismo intentaré llamarle de nuevo.

Espero pacientemente en la terraza superior junto a la piscina hasta que termina el baile de disfraces. Hay algunos francamente muy originales. Observo todo lo que encuentro a mi paso y constato que la embarcación entera está flamante, inmaculada, en perfecto estado de revista, con gran orden y limpieza. En general, el día a día del pasaje está bastante bien organizado, controlado en todos los aspectos, y funciona realmente bien. Hay que reconocerlo. Pero mi cabeza está en otro asunto, sigue pensando en soluciones para volver juntos.

Ya son las dos de la mañana, se cambia de nuevo el horario al de España, con lo cual se duerme una hora más, mejor dicho, se levanta uno más tarde.

He visitado a David, yendo de incógnito a la *suite* Royal en la que está alojado. Un camarote de ensueño, amplio, con cestas de fruta..., pero Nerea está nerviosa y sus padres, unos verdaderos padrazos, la cuidan y juegan con ella con gran paciencia, intentando entretenerla.

Algo hay que hacer para resolver definitivamente la situación, proyecto varias posibilidades, incluso repetir el mismo *show* del puerto anterior. Me lo callo para que no me hagan cambiar de opinión, pero lo tengo claro.

Me despierto a las seis de la mañana con horario de España. Trini sube a la cubierta a tomar el aire. Yo no tengo ánimos, he dormido mal como siempre, pero esta noche además, confieso que he soltado más de un lagrimón de impotencia y frustración. ¡Habíamos puesto tanta ilusión en esta travesía juntos! Miro el impresionante mar a través de los cristales. El buque, que mide unos 200 metros de largo y 30 de ancho, continúa navegando a 21,4 nudos, aproximadamente alrededor de 40 kilómetros por hora.

Trini vuelve a las ocho; yo sigo en el camarote.

—¿Qué has hecho durante esas dos horas al aire libre?

—He pensado en mis hijos, en mis nietas y en ti.

—¿Y qué has pensado?

—En la mala sombra de este viaje y en la gran capacidad de nuestro hijo Jose para solucionar los problemas, en tu expresión de tristeza de anoche y en muchas cosas más.

*(Después supe que no era así, sino que empleó ese tiempo hablando con la doctora del barco y con la jefa de crucero).*

Jose y yo perdimos toda la mañana con el jefe administrativo del barco, donde nos dejan claro que la familia de David tiene que desembarcar sin lugar a dudas. Preguntamos si Nerea, la niña mayor, puede quedarse con nosotros, pero la respuesta es tajante: no es posible que ningún miembro de ese núcleo familiar permanezca a bordo, pues si la tripulación se contagiase entonces sí que tendrían un grave problema, ya que solo disponen de la mínima tripulación permitida. El administrativo del barco es un hombre duro, guarda las formas, es educado pero inflexible. Su postura es comprensible, son las normas de su empresa. Pero yo no sé qué hacer.

A las dos de la tarde recibimos aviso de que nos llama el capitán. Voy con mi hijo Jose y nos da una buena noticia: David y su familia no desembarcarán en Dubrovnik, pues al consultarlo han averiguado que también para ellos constituye un problema al tratarse de un país que no pertenece a la Comunidad Europea. Les podrían retener el buque completo y causarle complicaciones de trámites administrativos. Desembarcaremos pues en Venecia, que es el fin de nuestro viaje marítimo. Todos juntos. Me dice que lo ha decidido por no dividir el grupo familiar y le doy las gracias, pero en el fondo no me lo creo. Sea como sea, para nosotros es un golpe de suerte que Dubrovnik no forme parte todavía de la UE y que les presente esos problemas.

La noticia nos cambia la vida, todos estamos contentos; yo duermo la siesta a pierna suelta, feliz de momento. Venecia es otra cosa, sentimos que Venecia es casi como estar en casa. Nos advierten que allí las autoridades pueden ponerlos en cuarentena, pero bueno, Italia es terreno conocido.

Con la euforia que sentimos, nos atrevemos a sacar clandestinamente a Nerea de la *suite* real y la llevamos a una cubierta donde no hay nadie. A David le prestamos unas gafas y una gorra, lo disfrazamos y nos acompaña. Nerea estaba excesivamente tensa a causa del enclaustramiento, cuando sale al aire libre salta, corre y ríe sin parar, contagiándonos su alegría.

Pensar que David y familia ya no quedarán retenidos en Croacia nos produce una magnífica sensación de paz y liberación. El problema ha acabado y hay que celebrarlo, así que iré al cóctel del capitán. Toda la familia está desbordante de optimismo, la pesadilla ha terminado, aunque ellos cuatro no puedan salir del camarote.

En los momentos de descanso a lo largo del día de hoy, al tener más tiempo libre del que dispongo habitualmente, he respirado profundamente y me he felicitado a mí mismo por tener solo el problema insignificante de la varicela, pues cuento con una familia sana y unida, que no es poco, una profesión que me apasiona y una mujer divina. Lo único que me sobra es el cansancio de demasiadas horas de oficina, de tensión, y los años.

He de cambiar mis hábitos y mi enfoque laboral; hace años que tengo este propósito, pero no consigo materializarlo porque el trabajo me arrastra y me quita claramente salud. Llevo ejerciendo cuarenta y tres años a alto ritmo, con fuertes emociones, grandes tensiones e incertidumbres. Pero claro, esta intensidad laboral es la que al mismo tiempo nos ha permitido vivir bien y tener caprichos como sufragar el costo del viaje que, en total más otros retazos y gastos, me ha supuesto un total de 22 000 euros. Yo me sentía pletórico, orgulloso de invitar a toda mi familia a pasar unos días juntos en un crucero, pero finalmente ha resultado ser un alto coste para un viaje sufrido y deslucido, lleno de tensión y ansiedad, que nadie podía sospechar. En vez de disfrutar, yo personalmente estoy pasando algunos malos ratos. Pagar para sufrir no tiene sentido, pero a veces pasan estas cosas. En realidad lo que me molesta es que me pasen todas a mí.

Aquí la única que está verdaderamente feliz es Aitana. Tan pequeña, sonriente, siempre contenta, sin darse cuenta del lío que ha montado con sus motitas rojas de la varicela. Esto es inconcebible, la niña nos mira con su gran sonrisa, sin inmutarse, sin saber que nos ha tenido con el corazón encogido y que nunca olvidaremos este viaje y su varicela.

En nuestro tiempo de paseos por la cubierta, mi hijo Jose me confiesa una anécdota de su vida de cuando era pequeño, con seis o siete años. Le encantaba ir a Casa Emeterio a comprar un polo que le costaba 5 pesetas. Era una tiendecita de la urbanización Jardín Atalaya (Camas), donde residíamos, que estaba en el bloque contiguo.

Emeterio abría el frigorífico, el niño elegía un polo, metía la mano y lo cogía.

Un día, con el polo habitual venía pegado un segundo polo. Entonces, al ver los dos juntos, sin que Emeterio se percatara, se quedó con ellos y salió corriendo.

Ante el gran problema de conciencia que sentía, estuvo dos semanas sin ir a Casa Emeterio, pues le daba mucha vergüenza.

Y ya por fin, un día y sin comprar nada, fue, dejó una moneda de 5 pesetas encima del mostrador y salió corriendo.

En estos ratos juntos, unos a otros nos vamos contando pequeñas anécdotas y sentimientos personales que nos hacen conocernos mejor y acercarnos más. Todo no va a ser malo. También salen a relucir antiguos recuerdos y batallitas familiares que nos provocan risas.

Llegada la hora de la cena cogí el ascensor todo bien arreglado para ir a la cena de gala, y al entrar, observo que venían en él dos señoras que no sé qué edad tendrían, estimo que sesenta años o algo más, e iban muy bien arregladas. Para mí, una mujer bien cuidada es una mujer guapa. No me importa la edad. Descifrar los años de una señora, además, es tarea imposible. ¿Y qué más da?

No puedo reprimirme. Animado por el desenlace de Venecia, les sonreí y les dije:

—¡Qué suerte tengo de haber tomado este ascensor y haber topado con dos señoras guapísimas y elegantísimas, que huelen a gloria y embellecen el mundo!

—¡Que alegría nos da usted! —me contestaron ellas—. ¡Nos ha subido totalmente la moral, nos ha alegrado el día! ¡Cuánto le agradecemos su expresión! —Y una de ellas se me acercó y me dio un beso en la mejilla.

Con esa reacción espontánea y simpática, me dirijo más animado al comedor, reflexionando sobre la belleza femenina, que me parece sublime. No hablo solo de la belleza externa de la mujer, ni es preciso que sean perfectas y proporcionadas estatuas como algunas desean. Prefiero lo natural, los rostros que transmiten sentimientos, las miradas francas y limpias, la forma de vestir, el estilo, incluso la manera de afrontar la vida positivamente.

—¿Es que te gustan todas, José Luis? —me han preguntado en alguna ocasión, a lo que suelo contestar:

—Pues no me gustan todas las mujeres, pero sí me gustan muchísimas.

—¿Cuáles no te gustan?

—Pues no vas a encontrar la respuesta habitual. De entrada las jóvenes no son mis predilectas, no saben de la vida. Aprecio detalles como los perfumes, me sugestiona el brillo de los ojos y valoro la alegría. Y sobre todo, sobre todo, lo que más admiro de una mujer es su inteligencia, la ponderación y la discreción.

—¡Qué raro eres! —Es una expresión que oigo muchas veces referida a mí mismo y que no me molesta en absoluto, soy consciente de ello.

Por supuesto, no me gustan las «esaborías», ni las que visten mal, no me refiero a vestidos caros o baratos, sino de mal gusto o fuera de lugar.

En la sobremesa de la cena de gala, somos atendidos por la señorita Julia y por Dioni, ambos peruanos. Le pregunto a Dioni por su trabajo. Me cuenta que los contratos son por seis meses, después se marchan hasta que la compañía les vuelva a llamar de nuevo; pueden estar un mes, dos meses o medio año sin trabajo.

Hay casi setecientas personas trabajando como tripulación, trabajan por lo visto largas jornadas sin descansar, hasta 12 horas continuadas.

Según me informa mi hijo, se comenta que, si hay queja de un pasajero hacia un camarero, lo despiden de inmediato, cosa que parece haber ocurrido hace unos días. Por lo que nos han contado, se trata de un régimen muy duro. La tripulación es, en alto porcentaje, latinoamericana.

Los miembros de la tripulación duermen en la parte más baja de la embarcación, por debajo de la línea de flotación, en habitaciones de cuatro personas en las que no se ve nada del exterior. El barco en el que estamos alojados ahora, a final de octubre, hace rutas en América del Sur durante los otros seis meses del año.

Dioni está enamorado de su país y lo echa de menos. Es soltero, tiene novia y se quiere casar. Su situación laboral es difícil para la convivencia y para formar una familia, pero ella lo entiende y aun así están decididos. Es su única opción. Le veo con ganas de abordarme y finalmente se anima, se acerca y me pregunta:

—¿Es usted escritor?

—Bueno, soy aficionado a escribir. No es que lo haga bien, pero así queda algo de lo vivido para mí mismo y para futuras generaciones. ¿Por qué me haces esa pregunta?

—Porque vengo observándole, y encuentro que tiene cara de escritor.

—Pues es la primera vez en mi vida que me han dicho esto, y que conste que me han dicho muchas cosas.

Ayer también surgió un imprevisto que me hizo pasar un buen susto, otro más.

Mi hijo Jose se presentó cuando yo estaba descansando y me dijo:

—Papá, tengo un problema: creo que yo tengo también la varicela.

Se levanta la camisa y tiene todo el cuerpo con manchitas rojas.

—He tenido la suerte de que en la cara no tengo ninguna.

«Bueno, ¡vaya lío!», pienso yo. Lo que nos faltaba, la mala suerte nos persigue... Si él se ha contagiado, entonces la epidemia ha estallado, ya la tenemos aquí. ¿Podremos llegar a Venecia? Pero no era así. Cuando vi que todos reían a carcajadas me di cuenta de que era solo una bromita, muy graciosa por cierto. Se había pintado manchitas en todo el pecho con un lápiz de labios.

Esta mañana hemos salido del barco dando una caminata para ir a cambiar moneda de Croacia: la kuna. Un euro son 7,25 kunas. Por supuesto, soportando el martirio habitual de hacer una buena cola. A continuación, fuimos a sacar los billetes del autobús, lo que supone otra tremenda cola para esperar y subir a los mismos. Sin contar el enorme calor soportado dentro del autobús. Dudo si al final sería mejor que a mí también me enclaustraran en una *suite*... Me libraría de las detestadas colas y del calor.

Hemos visitado Dubrovnik, una ciudad medieval magnífica, toda de piedra, que con las altas temperaturas despedía un calor sofocante. Te sientes como si te estuvieras asando a la plancha. Aun así, la verdad es que la ciudad es espectacular, casi tanto como el calor.

Esa muralla con sus veinte torres fue en su tiempo una ciudad-estado, un estado independiente desde 1205 a 1815, muchos años. Se la conocía como la «Atenas Eslava» y fue sobre todo famosa desde el siglo XV al XVII por su arte y literatura. Es de esos sitios que piensas se ven solo una vez en la vida, pero merece la pena que se conserve su estilo medieval, es como si retrocedieses en el tiempo cuatrocientos años.

En resumen: una bonita ciudad y una estupenda jornada en la que hemos podido deleitarnos, liberados de la amenaza del desembarco.

# 10. DE DUBROVNIK A VENECIA

Zarpamos de Dubrovnik a las cuatro de la tarde. Estuvimos allí poco tiempo, visto y no visto, con miedo a perder el barco y pendientes de no perdernos nosotros mismos e ir siempre en grupo. Nos sentíamos animados, receptivos, con buen humor y mucho más relajados; la visita nos supo a poco.

Hoy es sábado. El domingo ya estaremos en la ciudad de los canales que, si bien la conozco, no me importa en absoluto repetir. Venecia es, como todos sabemos, diferente y maravillosa. Única.

Al llegar, los responsables del crucero nos vuelven a presionar, insisten en que Aitana tiene que acudir de nuevo al médico. Esperemos que no haya pegas y podamos volar a Madrid sin problema. Si no, no dramaticemos, tampoco es el fin del mundo. Ya estamos en Italia, nos sentimos a un paso de casa.

Esta mañana he estado en el salón de actos del barco, donde se nos dan instrucciones para el desembarco. No me he enterado absolutamente de nada, siguiendo la costumbre. Hablan demasiado rápido, sin tener en cuenta lo torpe que soy, y por otra parte sospecho que estoy perdiendo audición.

No me he querido perder el concurso que más me interesa, el de «las piernas más sexys del crucero»; hoy en el crucero van a tener el detalle de alegrarnos la vista. He ido solo, escapándome subrepticiamente y casi he llorado de pena al comprobar que el espectáculo consistía en ver las piernas de hombres muy, muy mayores y de algunos niños algo raquíticos. Hombres a los que no les pasa lo que a mí, es decir, que no tienen sentido del ridículo, que en realidad es el único sentido que tengo muy desarrollado. ¡Estúpido de mí, que contaba con deleitarme ante las bellas piernas de hermosas señoras! Permanezco allí solamente tres escasos minutos para disimular y salgo como alma que persigue el diablo. ¡Qué horror! No doy una, mi gozo en un pozo.

A mediodía, mi hijo me comenta:

—Papá, ayer te dije que estuve hablando con una señora mayor encantadora a la que saludé y al final pasé más de una hora hablando con ella. ¿Te acuerdas?

—¡Ah, pues sí, algo de eso me dijiste! —le contesto—. Pues estupendo...

—Está detrás de ti.

Me levanto para ver a la señora que tenía a mis espaldas.

Era viejísima, muy mayor, muy mayor.

Jose me presenta:

—Señoras, este es mi padre.

A la señora mayor, muy mayor, la acompañaba otra también entrada en años, que me llamó la atención por lo poco agraciada que era, y que nada más verme me soltó la siguiente gracia:

—¡No se parece usted absolutamente en nada a su hijo! Él tan delgado y tan guapo y usted con tantos kilos de más... ¡Aunque su dinerito le habrán costado...!

No contenta con tan inoportuno comentario, lo acompañó con unas sonoras y desagradables carcajadas, riendo sus propias palabras.

«Qué simpática es la señora», pensé para mis adentros mientras sonreía irónicamente, con todo cinismo y retortijones en el estómago. Una lástima que tengamos que callar por educación. Si no fuera así, uno podría contestar en su mismo tono y decir: «Señora, su sinceridad provoca en mí que yo también sea tan directo y sincero, diciéndole la verdad: que usted es el adefesio más horroroso de este mundo mundial. Sería improbable encontrar en el planeta alguien menos agraciado que usted, es lo más horrible que he visto en mi vida. Y lo peor de todo no es la fealdad, es que la encuentro terriblemente maleducada y antipática».

Me siento enfurecer por momentos, las amarguras del viaje me salen a flote tras ese comentario y me tientan las ganas de explayarme, pero me contengo, no me voy a rebajar a ser tan descortés como ella. Pese a sentirme despechado, tengo educación y ya no soy un niño.

Al pensar en la sinceridad de estos, experimento interiormente verdadera envidia; sería estupendo decir lo que opino, lo que realmente veo, la realidad. Pero como no puedo, no digo nada y solo sonrío, con una extraña sonrisa acompañada de una mirada de borrego moribundo. Expresión que me da todavía escalofríos pues es una frase que me marcó hace tiempo.

Fue una vez, hace muchísimos años, siendo un chaval, cuando una niña me dijo exactamente eso: «Tienes mirada de borrego moribundo».

No sé dónde fue, ni cómo fue, pero no se me ha olvidado jamás. Yo era todavía un niño con pantalones cortos y recuerdo de vez en cuando la frase, sobre todo cuando me miro al espejo, cosa que procuro hacer las menos veces posibles para no pasar un mal rato. Cada día soy más borrego y más moribundo.

Esta misma tarde, he ido a comprar las fotos. Trini es muy fotogénica, yo soy todo lo contrario. No sé cuál es la palabra justa para calificarme, creo que soy espantoso, no me gusta verme en fotografías a no ser que sean antiguas. Soy el rompe-cámaras, el enemigo del espejo. Me ponga como me ponga, salgo fatal y mientras más lo intento, menos normal y natural aparezco. ¡Qué pena me doy! Por eso siempre que puedo, las eludo. Lo que ya es demencial es cuando hay varias personas alrededor de una mesa y yo soy el que estoy más cerca del fotógrafo, ocupando así la mitad de la imagen y apareciendo en todo mi esplendor. Me entran hasta ganas de llorar.

Me consuelo pensando que el físico no lo es todo, y que al menos fui apuesto en mi juventud. Sin embargo, algo bueno debo tener, aunque sea poco, porque en mi trabajo hablo y se me escucha, escribo y hasta se me lee, tomo decisiones y hasta resultan bien en su mayoría. Mis superiores y compañeros celebran y alaban mis avances. Quizá por ello me consagro a mi profesión tan intensamente, pensando que quizá por medio del trabajo pueda desarrollar algo interesante, sacar al exterior lo mejor y valioso de mí, y que esto distraiga la observación de mis defectos, que así pasarán más desapercibidos.

En este mundo todo es relativo y no hay nada exacto. Además, todo es exactamente un cuento. Pero bueno, parece ser que en el trabajo soy menos desastre que en la vida real. O quizá, al ser el jefe, la gente me lleva la razón por comodidad y para no entrar en absurdos berenjenales. ¡Quién sabe!

Aparto estos agrios pensamientos observando una exposición de pinturas, donde compro otro pequeño cuadro de recuerdo. Tengo cuadritos de la mayoría de los viajes más significativos, cuadritos que a mí me dicen algo, pero que dentro de unos años más bien serán un estorbo, algo más para venderse en un mercadillo de viejo. El cuadrito es en realidad un premio de consolación, pues la pintura que verdaderamente me hubiera gustado comprar valía 1400 euros. Es fantástica, pero, por su importe y su tamaño, lo he descartado. Ya está bien de gastos. Aunque me enamoré perdidamente de ese lienzo y no puedo olvidarlo.

Este sábado, navegando rumbo a Venecia, subiremos a cenar a la cubierta 11, perdiéndonos la anunciada sorpresa que tendrá lugar en el otro restaurante del navío, donde cenan 1600 personas en dos turnos. No soporto estar tanto tiempo en una mesa sentado, esperando el servicio, cuando coincidimos tantísimos comensales. Aunque la tripulación hace lo que puede y está muy bien organizada, me inclino por el autoservicio.

Hoy es la penúltima noche de crucero y la pasamos relajados, más tranquilos, aunque sin poder cenar todos juntos. Faltan, claro está, David y su familia, recluidos aún en el camarote por la varicela. Les echo en falta profundamente.

Después de la cena, me acerco a visitarlos. David y yo nos escapamos a la cubierta de popa donde no hay nadie y nos distraemos un buen rato disfrutando de la brisa marina, apoyados en el candelero de popa, es decir, la baranda del buque, y viendo la estela blanca e infinita que deja el barco sobre el agua con sus enormes hélices y escuchando el ronroneo de los potentes motores. Dejando la vista descansar, buscando el final del infinito mar.

—Papá, nos quedan pocas horas juntos y tú volverás al trabajo —me suelta David—. Si yo fuese tú, me jubilaría y llevaría una vida apacible y sin problemas en Antequera, o donde decidáis. Ya está bien, bastante te has esforzado ya...

—No me insistas tú también —le aclaro—. Yo trabajo porque no hay otra opción, el trabajo es ingrato, lleno de tensiones que te dejan secuelas, pero tengo hipotecas y me veo joven mentalmente. Me ha costado cuarenta años aprender, ahora ya me es más fácil, o no tan extenuante.

—Plantéatelo, por favor. En mi caso, tengo que trabajar a fondo. No tengo otra alternativa porque soy joven, tenemos familia, casa, hipoteca... y hay una fuerte crisis. Pero tú deberías jubilarte, tienes ya una edad y se te nota cansado. Nos tienes preocupados y creemos que ha llegado el momento, esa es mi opinión.

—David, no te inquietes en lo que respecta a ti, que trabajarás bastante y, con suerte, dentro de cuarenta años te jubilarás, pues retrasarán las jubilaciones. Pero en mi caso —continúo— seguiré ejerciendo porque no estoy preparado aún para dejar de hacerlo. Soy como el burro que da vueltas a la noria, y si me quitan la noria, seguiría dando vueltas. Además, mi trabajo me duele y me gusta al mismo tiempo, me veo con fuerza e ideas. Me jubilaré, pero cuando vea que ello es lo que más me conviene, pues en la empresa me permiten fijar mi propia fecha de jubilación, puedo elegirla yo mismo. Detalle, por cierto, que agradezco mucho. No es que me considere imprescindible ni ninguna chorrada por el estilo, por supuesto. Y como te he comentado, con la paga de jubilado mía y de tu madre no se paga la hipoteca. O viviríamos a pan y agua.

Esa era la pura realidad. Mientras mantenemos esta conversación, seguimos sin separar nuestra mirada de la estela blanca, la estela amplia, el mar extenso y tranquilo que infunde paz, que nos deja como hipnotizados, sintiendo el aire fresco sobre nuestros rostros... Verdaderamente este mundo es una preciosidad.

Me siento flotar, me encuentro algo más animado y ligero. Reflexiono nuevamente sobre esta familia, sobre las pocas ocasiones que tenemos de vernos juntos y en los altibajos que unos y otros han soportado en este alterado viaje. Es una verdadera lástima que en esta travesía hayamos perdido tantas horas sin apenas poder mirar a nuestro alrededor, preocupados y presionados inútilmente por una cosa tan simple como una presunta varicela, unos puntitos insignificantes que nos han mantenido en tensión. Pero este momento de paz mirando al mar, y muchos otros más, no me los quita nadie.

Nos deslizamos de incógnito al interior de la *suite* real y sacamos de ella secretamente a la supuesta enferma, que está como una rosa, debidamente camuflada. Al cogerla, la niña se me aprieta con sus bracitos, como dándome un abrazo, a modo de compensación. Tan pequeña y ya sabe la importancia de un abrazo.

No hay nadie en cubierta; la posiciono de pie en el suelo y con las manos agarradas a una silla. Para variar, Aitana me mira sonriendo agradecida con sus ojos enormes y azules, haciéndome olvidar completamente las amarguras del viaje, sin necesidad de palabras. Definitivamente, mi familia es lo que más felicidad y satisfacción me produce en la vida. Sin duda.

Mientras observo el ir y venir de mi nieta, aparece Eva, siempre cariñosa y atenta.

—Papá, ¿qué piensas?

Es la misma pregunta que mi padre me formulaba a mí: «Pepe, ¿qué piensas?». Primero mi padre y ahora mis hijos. Me duele tener intranquilos a los demás, quizás es mi legendaria expresión de borrego moribundo lo que les confunde.

—No sé, Eva. La mente humana es muy traidora cuando hay tiempo para pensar; piensa poco y cuando no hay tiempo se colapsa de pensamientos. Solo estoy dejándome llevar por lo que detectan mis sentidos: el entorno, la brisa y la estela del barco. Me dejo llevar también por el tiempo, entre otras cosas porque no puedo pararlo.

Ella se calla, sonríe y nos relajamos, disfrutando del momento. Me cuenta sus planes para el futuro. Es increíblemente trabajadora y creativa, tiene muy buenas iniciativas. Triunfará.

Le pregunto por los demás. Me dice que Trini y Mely están en la cafetería; voy a buscarlas y no las encuentro. No soy un buen buscador, nunca encuentro nada. Y cuando dejo de buscar las cosas, entonces aparecen. Y últimamente se me pierde todo. Soy un perdido de la vida.

Abandono, cansado, su búsqueda porque el barco es inmenso y me duelen las piernas, lo achaco a tantas horas de oficina, al desgaste de los materiales, como las máquinas. Las siento engarrotadas, ni siquiera el crucero me las ha «desengarrotado». Seguro que se me «desengarrotarán» cuando llegue a la oficina y ya, sentado perpetuamente en el sillón de mi despacho, no necesite andar.

Mientras escribo ahora, en el camarote, el ruido de motor es la música de fondo, la cual me parece ya familiar y adormecedora.

David me llama para contarme que decidió escaparse de nuevo a cubierta a respirar y apenas lo hace, choca de bruces con la doctora y el jefe de administración, volviendo asustado a la *suite*. Yo les digo que no se preocupen, no han cometido ningún delito. No había un alma y, además, es poco probable que les vayan a tirar al mar. Total, ya estamos en el último trayecto. Jose también llama, me propone que me vaya al casino con él. Trini y Mely me aconsejan que me una a ellas para asistir al espectáculo nocturno.

Yo tengo un plan mucho mejor: me voy a dormir.

# 11. VENECIA DIVINA

Domingo, 8 de agosto. Compro fotos de Mely y Trini con el capitán, ambas están deslumbrantes, guapísimas. En las numerosas fotografías que veo expuestas, el capitán se mantiene siempre firme, solemne, tiene las manos abajo, o atrás. En la única foto que tiene las manos sobre los hombros de alguien, es en las que aparece con Mely y Trini. ¡Qué casualidad!

Pues bien, cada foto cuesta 7,50 euros. Hacen fotos sin preguntar y sin que te percates en muchas ocasiones, lo cual es un verdadero negocio para los organizadores y un gasto extra para los pasajeros. Supongo que, si somos 1800 personas, al menos han vendido 10 000 fotos, con las que se consigue la módica cantidad de 75 000 euros o quizás más, creo que me quedo corto. Cuatro cruceros al mes pueden suponer 300 000 euros de fotos. En seis meses de cruceros se podrían recaudar 1,8 millones de euros. Estas serían por supuesto las cuentas del Gran Capitán: Gonzalo Fernández de Córdoba.

Y no hablemos del cargo de tasas y propinas que nos hacen obligatoriamente de 70 euros por persona. Al entrar en el barco nos dan una tarjeta para todo lo que compremos en el barco y el importe total o lo cargan en la Visa, o se paga con dinero directamente... o no sales del barco, supongo.

A Eva, su tía Mely le regala un precioso cortador de pizzas con mango de cristal de murano. Pues bien, se lo requisaron en el aeropuerto por ser un objeto cortante: adiós murano, mengano y regalo.

Le di 50 euros de propina a Julia, la camarera. Me dio mucho corte cuando al día siguiente me dio de nuevo las gracias, diciéndome que con ello había llamado a Perú a su madrecita, lo que costó 15 euros; 20 de ellos los ha guardado para ahorrar y el resto se lo ha gastado en varios helados, porque le encanta el helado, lo cual es un lujo que no puede permitirse siempre.

¡Al fin llegamos a Venecia! Nos quedamos sin aliento cuando el buque hace su entrada y navega majestuosamente por sus canales. Un verdadero espectáculo, un disfrute visual y mental. Impresionante. ¡Qué bella es Venecia!

Mi hermana está extasiada con la entrada en Venecia, ella es positiva y práctica, disfruta cada minuto. Está realmente prendada del lugar, todos lo estamos. Es el momento más especial y mágico del viaje. No nos acordamos de los problemas, derrochamos buen humor.

Esta noche de hoy, domingo, depositaremos las maletas fuera del camarote antes de las tres de la madrugada y mañana dejaremos el barco para no volver a las 7:30 de la mañana.

Jose y yo hemos tramitado previamente la hoja de reclamación por todos los trastornos derivados del asunto de la presunta varicela y que nos han tenido desasosegados a lo largo del crucero, aunque presuponemos que, lógicamente, no servirá para nada. Como mi letra es más bien horrorosa, la rellenó y redactó mi hijo, añadiendo yo algunas expresiones y florituras personales, toda una obra de arte literaria.

Son las 11:30 cuando embarca el práctico del puerto, antes de entrar en el canal de la Giudeca, y a las doce el gran crucero atraca finalmente en el puerto de la Terminal marítima veneciana. La vista desde el barco es impresionante, los noráis del puerto, las embarcaciones allí amarradas y las maniobras de atraque, ofrecen un singular espectáculo.

Oigo tras de mí las carcajadas de mi familia, que se está divirtiendo de lo lindo, y me acerco feliz para averiguar qué están comentando que tanto les hace reír, comprobando que una vez más, se burlan de mí por algo que ocurrió esta mañana. Estábamos en el restaurante desayunando Trini, Mely y yo. Algo dijeron que les provocó risas a ambas. Yo estaba ajeno a su diálogo y, por tanto, permanecí impasible, sin mover un músculo de la cara.

—¿Tú no te ríes? —me dijo Trini.

Le contestó mi hermana por mí:

—Es que Pepe no sabe reírse.

El comentario hizo que los tres rompiéramos a reír abiertamente. ¡Quizá no sepa reír suficientemente! Ya ni eso. Y ahora, se desternillan cada vez que lo recuerdan. No le encuentro tanta gracia.

Esta anécdota me trae a la mente al entrañable jefe en Cros durante muchos años, gran trabajador catalán, de gran corazón y magnífico amigo, fallecido de un infarto a pesar de que se cuidaba, jugaba al tenis y hacía deporte. No como yo, que ya no recuerdo cuándo fue la última vez que hice deporte...

Ambos éramos jefes, él en el departamento de ventas y yo en la división de abonos líquidos y productos especiales.

—Alejandro, ¿eres feliz? —le pregunté un día. A lo cual me contestó:

—José Luis, cualquier persona realista es por ello muy desgraciada. La única realmente feliz es Heidi, viviendo en las nubes y rodeada de cabritos.

Era un genio Alejandro Viñas Vilar, sensible, buen profesional y muy humano.

Estos recuerdos me llevan a querer aprovechar las pocas horas que nos quedan juntos. Nuestro soñado crucero llega a su fin.

Somos conscientes de que David y familia deberán quedarse obligatoriamente unos días en Venecia por exigencias de la compañía de seguros y por motivos médicos, lo cual no nos preocupaba en absoluto. Por ello, David tomó en brazos a su hija Nerea de cuatro años, la puso sentada en una mesa, situándose él en una silla para estar a su altura y hablar tranquilamente con ella.

—Nerea, mírame a los ojos —le dijo con ternura y cogiéndole sus pequeñas manos—, quiero hablarte muy en serio. Mamá y yo nos quedamos aquí en Venecia con Aitana hasta que se ponga bien, porque está malita. Tú puedes elegir, o bien irte con tita Eva a Sevilla y quedarte con tu abuela Mari, o bien quedarte aquí con tu madre, con Aitana y conmigo. Tú decides, Nerea.

—Me voy con la tita —contestó la niña sin apenas titubear, empezando a tomar decisiones muy tempranamente.

Y ya no preguntó en el resto del viaje por sus padres, con gran naturalidad y portándose muy bien.

Para Trini y para mí, esta conversación con Nerea que tenía solo cuatro años fue toda una sorpresa. En nuestros tiempos las cosas no eran así ni se consultaba a los niños.

Me alegra haber sido firme con las autoridades del buque y haber conseguido que lleguemos hasta el final todos juntos. Aunque tengo la sospecha de que el no desembarcar David en Dubrovnik pueda deberse a una gestión de Trini, que aquel jueves se evaporó durante un rato para visitar a la doctora a las 7:30 de la mañana, diciéndome que había ido a tomar el aire. Ella le prometió hacer todo lo posible para no desembarcarles y ambas se abrazaron. También supe que fue a ver a la jefa del crucero y ocurrió lo mismo. Hizo su guerra aparte, quizás porque no se fiaba de la mía.

Por su parte, Juan García, mi sobrino que viaja con Eva, ha correteado por todo el barco; me sorprende porque, teniendo de ocho a nueve años, observa todo y aprende muy rápido. Conoce el barco de arriba a abajo. Me acerco para saber sus impresiones sobre el recorrido.

—Juan, ¿has ligado durante el viaje?

—No tito, pero lo estoy pasando muy bien y además, como no tengo freno, estoy comiendo lo que no hay en los escritos.

En un momento dado, le pregunto a mi mujer cómo lo ha pasado. Se queda un rato callada, reflexiva. Me mira y me dice solamente:

—Pepe...

—¿Qué? —respondo yo, confuso, intrigado por este silencio.

—Que este recorrido ha tenido cosas estupendas, pero estoy pensando que los pocos viajes que nos puedan quedar hemos de hacerlos tú y yo solos.

—Es raro que tú me digas algo así, pero me alegra, porque yo pienso lo mismo. En eso, cosa rara, estamos totalmente de acuerdo, por dos motivos: porque no hay economía que lo resista, y porque me parece correcto.

Esta tarde en Venecia decidimos regresar los dos al barco pronto para descansar. Los demás, mi hermana Mely incluida, se quedan paseando por la ciudad, para aprovechar al máximo la ocasión.

Tenemos por delante toda una noche para descansar tranquilamente, por fin. Sin sobresaltos. Ya era hora, aunque sea un poco tarde, ya al final de la travesía.

Pero sí que los hubo. ¡Cómo no!

De repente, a las doce de la noche suena mi móvil. Para una vez que estoy cogiendo el sueño, surge esta inoportuna llamada. Estoy a punto de no cogerlo, no son horas de molestarnos.

—Juan se ha perdido en Venecia —me dice Eva, notablemente alarmada.

—Pero ¿qué me dices, Eva?

—Nos metimos todos en el *vaporetto*, había demasiada gente. Al bajar en nuestra parada, Juan se quedó dentro y el *vaporetto* zarpó rápidamente, con él aún dentro, sin darle tiempo a salir. No sabemos dónde está. Juan está en paradero desconocido. Estamos conmocionados.

Esto es un mal sueño, es el Crucero de los Horrores. Le paso a Trini el teléfono para que siga hablando, pues yo no soy capaz de articular palabra, el estómago se me ha descompuesto y me encierro en el diminuto baño, me apoyo en el váter succionador donde experimento temblores y pánico, sí, verdadero pánico. Me encuentro en un estado de total impotencia, sin saber qué hacer. El cerebro no me responde adecuadamente.

Juan, el sobrino perdido en Venecia. ¿Volveríamos a verlo? ¿He de llamar ahora a la madre? Me asaltan mil dudas. Es solo un niño.

El corazón me estalla, mientras que a Trini, con los nervios le da un ataque de risa llorosa, próxima al histerismo, con espasmos por todo el cuerpo. Yo pienso en su madre, imaginándome cómo contarle semejante situación. Surrealista.

—Mari Carmen, me gustaría hablar contigo.

—Hola, José Luis, ¿cómo estáis?—Estamos bien, pero tenemos un problemilla.

—Tú tendrás el problema, Jose. El de los problemillas eres siempre tú —contestaría ella con sorna.

—No, Mari Carmen. Esta vez el problema es de los dos. Bueno, más que problemilla, tu marido y tú tenéis un problemón. Los demás también.

—¿Cuál? Me asustas.

—¿Cuántos hijos tienes, Mari Carmen?

—Ya lo sabes, dos.

—Pues en estos momentos cuenta solo con uno, porque el otro está perdido. Desaparecido en Venecia. No sé si flotando en un canal o raptado por la mafia siciliana.

¡Qué negras se ven estas cosas a estas horas de la madrugada, cuando estás muerto de cansancio, fuera de tu país y en un barco! Menos mal que no hubo que llegar a este extremo, el niño es inteligente y supo reaccionar. Con otro cualquiera, podría haber sucedido un desastre. Pero Juan, tan despierto, al verse solo buscó inmediatamente a alguien que hablase su idioma. Oyó a unos turistas que hablaban español, se acercó y les contó su problema con su desparpajo habitual. Ellos lo trajeron de retorno al buque a las cuatro de la mañana. No llegué a ver a esas personas, lo dejaron en la entrada principal del barco. Hicieron un largo recorrido para ello y fueron muy amables con Juan; hay buena gente en el mundo. Desde aquí, aunque no leerán esto nunca, gracias, gracias y mil gracias.

Dicen que se aprende mucho en los viajes. Yo creo que, sinceramente, he aprendido a llegar al borde del infarto.

En la información de este crucero se refleja que se han recorrido 1334 millas náuticas, cada una son 1852 metros. Es decir, hemos recorrido 2470 kilómetros desde Atenas a Venecia y hemos atracado también en Santorini, Rodas, Miconos y Dubrovnik. El número total de pasajeros ha sido 1788, habiendo consumido:

6500 kilos de carne y pollo.

850 kilos de marisco y pescado.

900 kilos de queso.

10 000 huevos.

1200 litros de helado.

5000 kilos de frutas.

Otros tantos kilos de verdura y patatas.

4500 litros de leche.

He leído y anotado cuántos huevos tiene el barco.

Ha habido 616 tripulantes de treinta y un países, de los cuales de Filipinas son 131, de Honduras 88, de Brasil 39, como países con más número de trabajadores en el buque.

No sé si estas cifras son reales, pero lo que tengo claro es que no necesito hacer tantos kilómetros para ser feliz, ni ingerir cantidades ingentes de comida y bebida, ni estar acompañado de dos mil y pico personas más. La próxima escapada la haremos absolutamente solos mi mujer y yo, está decidido (*después no ha sido así, por supuesto*).

Hemos conocido ciudades maravillosas, hemos contemplado un mar de ensueño tras la estela del barco... Estamos en **Venecia**, lugar idílico con sus canales monumentales... Pero yo estoy deseando regresar de una vez, por fin, a **Antequera**, mi Antequera monumental, otra auténtica joya. Y después, descansaré en **Barbate** unos días, junto al mar, en sus inmensas playas, en el paraíso de arena, sin carnavales, ni colas, ni muchedumbres, ni fotos, ni capitán.

**Antequera, Venecia, Barbate...** Hay muchas maravillas en el mundo. Y yo, en este agitado verano, tengo la oportunidad de estar en tres de ellas.

# 12. DE VENECIA A ANTEQUERA

Solo ha pasado un día desde que escribí la última vez, estando en Venecia, y me ha parecido una eternidad. Son las nueve de la noche del lunes 4 agosto de 2008 cuando por fin llegamos a Antequera, con mi camisa manchada, para variar. Desde que desembarcamos en Venecia, hemos seguido en la tónica de soportar inconvenientes y calor. Aún a estas horas, ya en casa, nos persigue el calor.

Por ser el último día de nuestro viaje conjunto, ha sido una vez más una jornada repleta de colas. Colas lentas y tediosas para el desembarco. Interminable cola para entrar en el autobús, después de salir del barco. Cola insufrible, monótona y larguísima en el aeropuerto de Venecia, donde nos eternizamos facturando maletas, maletones, paquetes, cochecitos de niños, niños, mujeres y hombres.

El encargado de la facturación se hizo un verdadero lío, se había perdido con tantos «Sánchez-Garrido». Quizás, sobre todo con este apellido compuesto, lo más sensato sería haber entregado los billetes de pareja en pareja y no todos juntos, de sopetón, que fue lo que hicimos. Pensamos que de este modo no tendríamos problemas de exceso de peso de maletas, ya que en algunos casos sobraban kilos y en otros no, lo cual es una pesadez, más que nada por el tiempo que pierdes al tener que hacerlo en otra ventanilla diferente. Pero no fue buena idea, nos salió el tiro por la culata por pasarnos de listos.

Ya por fin dentro del avión, nos sirven con mucha ceremonia una cajita con un insípido bocadillo envuelto en papel de celofán que más que bocadillo, diríamos que es un minibocadillo. Así como dos minidulces de tipo «palmerita» con su correspondiente celofán también, además de un curioso caramelo redondo como un chupachups pero sin palito, que me guardo en el bolsillo de la camisa para después. Todo ello servido en una minibandeja, con una minitaza, para que más tarde una señorita azafata, guapa como todas, te la llene por consiguiente con un minicafé, aunque tienes la opción de pedir una monodosis-minidosis de refresco. Dadas las escasas medidas del asiento donde me hallo, me cuesta acceder a todas estas *delicatessen*; mi voluminoso cuerpo y mis manazas dificultan la tarea de quitar el celofán y me es imposible no dar codazos a las personas que tengo al lado. Apenas he comenzado a comer, no puedo rebullirme y ya me están lanzando miradas a diestro y siniestro. Me siento como un elefante en una cacharrería.

Después, desgraciadamente cuando ya era tarde para remediarlo, compruebo que el caramelo en realidad era un bombón de chocolate que con el calor de mi cuerpo, al poco rato, se deshizo dentro del bolsillo dejando toda la camisa hecha una pena. Realmente espeluznante, todo un drama. Al menos, esta será la última metedura de pata del viaje, más que nada porque el recorrido toca a su fin.

Pero ¿qué hago ahora, dentro del avión, con tan poco espacio para maniobrar y esa mancha marrón en medio del pecho? Temo los comentarios y observaciones del resto de la tribu. Introduzco disimuladamente dos dedos en el bolsillo y lo primero que descubro es que mi móvil está completamente chocolateado. Me preocupa que el móvil se averíe. ¿Cómo explicaría que se ha estropeado por un atracón de chocolate?

También encuentro dentro de mi bolsillo unas monedas bañadas en chocolate, me pregunto qué hacer con ellas. Pensar en desplazarme por el estrecho pasillo hasta el baño me parece un verdadero desafío, apenas quepo, es excesivamente estrecho para mí. Decido esperar a llegar a Barajas, limpiándome las manos como puedo y en cuanto puedo abandonar el avión, recojo mi equipaje y me dirijo al baño más cercano.

Abro la maleta en medio de los servicios, estando a punto de desparramar por el suelo mi desordenado contenido. Saco la primera camisa que encuentro, me quito pudorosamente la anterior, mirando a mi alrededor, me da corte que me vean semidesnudo. Al tenerla en la mano, compruebo el horrible espectáculo que he dado. La camisa ahora es tricolor, la tela azul tiene una parte color naranja y otra buena parte color marrón. La doblo como si fuese un bombón, es decir, con el chocolate en el centro para que no haga más desaguisado en el resto del equipaje, y tras cerrar la maleta con dificultad, presionando sin aliento y con miedo a que reviente, salgo de nuevo, algo más aliviado, al encuentro de mi familia. Pero me para en seco mi hijo Jose, que es muy pulcro, mirando fijamente la camisa que con tanta dificultad me acabo de poner.

—Papá, la camisa que te has colocado tiene un cerco, te has puesto una camisa sucia.

—No me lo puedo creer —le contesto, comprobando que tiene toda la razón—. Entre todas las camisas que tengo, he ido a coger la que me manché en el desayuno esta mañana. ¿Qué más me puede pasar?

Efectivamente, yo había intentado quitar esa mancha en el camarote, pero solo conseguí un hermoso cerco de recuerdo.

Jose conversa con su madre:

—Debes hablar seriamente con papá, aparece casi siempre muy desastrado, debe vestir con más cuidado. Así no puede andar por el mundo.

Me siento más controlado que los propios niños del grupo. Solo les falta castigarme, después de lo que he sufrido en el avión.

En esta ocasión, mi mujer preparó totalmente nuestros equipajes antes de salir de casa, con muy buena voluntad. Seguramente ha acertado con su ropa y ha escogido la que le viene bien. Pero para mí ha seleccionado la que a ella le gusta, que no es exactamente la que yo prefiero. En fin, algo más que he aprendido en este viaje y espero no olvidar: que cada uno debe preparar su maleta.

Este ha sido un viaje democrático, todos opinando y consensuando, que está muy bien teóricamente pero, en realidad, se pierde una barbaridad de tiempo y se toman decisiones equivocadas. Eso sí, por mayoría. Creo que aplicando un plan dictatorial, muy mal visto en los tiempos que corren, hubiera sido menos caótico.

Pero bueno, ya se lavará la dichosa camisa cuando estemos en casa, si es que tiene arreglo. Lo importante es que nos encontramos en Madrid; el vuelo de Venecia llega a Barajas puntual, cosa extraña, hoy a la una de la tarde. Sentirme en suelo español es un gran placer, sobre todo porque ya estamos más cerca de Antequera; en unas horas estaremos allí.

Pero cuando consulto el horario del billete de AVE, contemplo horrorizado que tiene la salida a las 21:30 de la noche. Es una salvajada permanecer tanto tiempo, cansados, en la estación de Atocha, y no hay otra opción pues vamos cargados de maletas y paquetes. Como Trini se había encargado de la reserva del Ave desde Madrid a la estación de Antequera-Santa Ana, todos la interpelamos, desanimados por la perspectiva de estar esperando más de ocho horas hasta subir al tren.

—Es que me recomendaron sacarlo tarde por si el avión tenía demora —se disculpa ella rápidamente.

—Por ese criterio, podías haber sacado los billetes para pasado mañana —le contesto, extenuado.

Nos desplazamos en dos taxis desde el aeropuerto de Barajas a la estación de Atocha, continuando con nuestra rutina de hacer cola para todo. A mí me encanta hablar con los taxistas durante los trayectos porque suelen ser educados, parlanchines y conversando con ellos se aprende un montón de la ciudad que visitas. Este taxista es menudo, lúcido y conduce hábilmente, nos da su opinión sobre la crisis y cómo solucionarla, con argumentos sensatos e interesantes.

Al llegar a Atocha, intentamos cambiar los billetes, para lo cual nos espera una enorme cola. Le pregunto a una señorita:

—¿Es usted la última?

Cuando me contesta afirmativamente, le contesto:

—Pues no, se ha equivocado, ahora el último soy yo.

Al principio me mira con desconfianza, pero termina riendo abiertamente y contándome que ha estado ya tres veces en esa cola a lo largo del día, esperando como mínimo un par de horas cada vez. Decido llamar a la agencia de viajes. Me contestan que no pueden atenderme porque en ese momento todos sus compañeros están comiendo.

—Bueno, si usted me está atendiendo ya, ¿por qué no me cambia tres billetes del AVE a Antequera?

—Deme su número de teléfono y cuando lo consiga le llamo.

Cuelgo y me quedo feliz de la gestión realizada. Entonces, busco a mi grupo familiar y los encuentro sentados en el bordillo de una jardinera de la estación, sudando en aquel gran invernadero, pues todas las mesas están ocupadas. Sus caras eran un poema.

—Vamos a intentar acomodarnos en algún restaurante y comemos algo —les propongo.

Mi hija Eva se sienta a mi lado en la mesa y le comento:

—Eva, planeamos esta expedición juntos para relajarnos y hablar. Tú y yo hemos hablado poco.

—Poco no, papá. No hemos hablado absolutamente nada. Y mira que lo he intentado.

Me quedo sorprendido, pero es la pura realidad. Y yo sin darme cuenta.

—Tienes razón. Esto hay que arreglarlo. Mi estado de tensión me ha absorbido, no daba más de sí. Pero recuperaremos el tiempo perdido. ¿Cuándo quieres que nos reunamos para conversar? Elige día y hora.

Abre completamente sus brazos y me da un gran abrazo, que todo lo arregla. Me deleito acariciando su pelo, teniéndola en mis brazos, alimentándome de su cariño y comprensión.

Mi móvil suena, interrumpiendo este momento de dicha; me llaman de la agencia para decirme que, para ir a Antequera, no existe otra opción que el billete que ya tenemos. Les propongo que me cambien al Altaria, que nos dejaría en la antigua estación de Antequera, pero tras hacer unas largas gestiones, la respuesta es que no es posible hacer cambios para una estación diferente por teléfono. Mi gozo en un pozo.

A mi hermana Mely le extraña esta explicación pues ella misma había realizado recientemente un cambio de estación en Santander por teléfono. Al oír esto, Trini coge los billetes y desaparece. Mely, extrañada de su tardanza, va a buscarla. No la encuentra y tampoco contesta al móvil. Pido al cielo que no se haya perdido. De repente, aparece triunfante con los billetes de todos en su mano.

Se había acercado a preguntar a la única ventanilla en que no había cola, que no nos correspondía porque en ella rezaba el letrero «Granada», les comentó el caso y nos los cambiaron por billetes del Altaria que va a Santa Ana, sin problema. Lo cual demuestra que el tren no va completo, como nos dijeron en la agencia. Está claro que, si te encuentras en una situación que parezca no tener solución, no debes conformarte, sino insistir hasta dar con alguien que ponga interés y la encuentre.

—Trini, eres especial, solucionas casos imposibles. Siempre haces lo mismo, cuando yo tiro la toalla, tú vas y lo solucionas. ¡Enhorabuena!

—Pepe, es que tú no te mueves, eres muy cómodo.

—Es que yo delego.

Mientras estamos en el comedor, debidamente atrincherados con las maletas, dos señoras muy gruesas y con cara de malas pulgas se sientan en la mesa de al lado. Junto a su mesa hay una maleta nuestra, que no molesta para nada. Se encara conmigo una de las señoras, vociferando y con malas formas.

—¡Oiga, quite esa maleta de al lado de mi mesa!

—Sí, señora. La retiro enseguida, pero las cosas se piden por favor.

—Mire usted, yo las pido como me da la gana.

—Estupendo, entonces yo quito la maleta cuando me dé la gana.

Trini de inmediato se levanta:

—Por favor, por favor, haya paz. Yo quito la maleta. Tú, Pepe, no hables ni digas nada porque el cupo de problemas de este viaje ya está sobrepasado.

Y le hice caso porque yo, como siempre, estoy equivocado.

Me dirijo a mis nietas, que se estaban despidiendo de mi mujer; ellas sí que me dan cariño y consuelo. Les digo:

—María, Nerea, dadle un beso al abuelo, que se va en el tren.

Ni cariño, ni consuelo. Las niñas, cuando oyen esto, salen corriendo en dirección opuesta y no hay opción de despedida, pues los demás corren tras ellas. ¡Adiós! Tanta paz llevéis como descanso dejáis.

Por fin llegamos a nuestra casa en la calle Merecillas. Experimento un alivio infinito al respirar el aire de mi casa, al oler el perfume de nuestro jazmín. Se me escapa inconscientemente un gran suspiro.

La odisea del magnífico y soñado crucero ha acabado, con sus más y sus menos. Aquí todo es más fácil para nosotros dos. Mis hijos mayores, nietos y demás personal avisan de que han llegado a Sevilla. Solo faltan por llegar David y su familia, que volverán mañana martes, procedentes de Venecia.

«¡Una maravilla de viajecito, para no repetirlo nunca más!», pienso mientras meto en la lavadora la camisa-bombón, doblemente sucia.

# 13. ANTEQUERA. LA CASA GRANDE Y SU JAZMÍN

Hoy me despierto ya en la Antequera de mis entretelas, en mi casa, que fue la de mis padres, mi hogar de siempre. Una casa con mucho espacio, silencio, tranquilidad, donde puedo respirar aire propio. Aire familiar, aire amigo... Poder vivir en la casa de nuestros padres es una experiencia muy gratificante. Uno de los grandes aciertos de mi vida ha consistido en tomar a tiempo la decisión de vivir en ella. Disfruto enormemente, sobre todo por el «espacio», en el que me siento libre.

Aborrezco en estos momentos la vida en pisos, en los que he habitado gratamente muchos años, e incluso en alguno de más de 200 metros, como el de Jardín Atalaya (Camas). Pero una casa grande es todo un placer de dioses. Por fortuna, mi mujer y yo funcionamos en la misma onda, si no sería un problema; he tenido suerte al tenerla a mi lado.

Hace algunas décadas, mis padres dejaron esta vivienda para irse, muy ilusionados, a un piso cercano en calle Toronjo. Habían heredado un solar y el constructor les permutó un primer piso a cambio del terreno. Lo amueblaron a su gusto y se acomodaron allí. Al mes o dos de haber estrenado el piso, cogieron sus maletas y regresaron. «Hemos decidido volver a nuestra casa de siempre, la que construimos hace tantas décadas y donde os habéis criado vosotros. Nos gusta mucho más que un piso», nos dijeron. Y vendieron aquel piso.

Me levanto tarde, pensando en ellos y solidarizándome con sus gustos. Se avecina un día de calor, pero las mañanas son frescas y apacibles, invitan al disfrute.

La vida es compleja, es variopinta y uno va de sofoco en sofoco, de alegría en alegría, o bien en una mezcla de ambos y así va transcurriendo la vida y acercándonos a su final, día a día. Lo malo es que a medida que transcurre la vida, los días parecen cada vez más cortos. Qué pena que haya un final en cada apasionante vida... Puede que algún lejano día, en el que ya no estaré, esto de morirse lo hayan solucionado; dicen que la tecnología hace milagros.

Unas personas se van de este mundo y otras van llegando, vienen más de las que nos vamos y por ello simplemente somos cada vez más y más. Nos dirigimos hacia un futuro que nadie conoce. Según las previsiones, dentro de treinta años seremos el doble de población que ahora en nuestro planeta. Si esto ocurre, al menos no habrá crisis en la construcción, en algún lugar tendrán que vivir todas estas personas. Y seguramente el precio de la vivienda aumentará al crecer la demanda. Pero crear empleo para tantas personas planteará un serio problema, al haber cada vez más robots y automatismos.

En este mes de agosto de 2008, bien, mal o regular, terminaré este libro, seguiré con esta especie de diario hasta el final de las vacaciones, después me será imposible con el enorme trabajo diario. Continuaré describiendo los detalles cotidianos, no pienso escribir nunca sobre Aníbal con sus elefantes atravesando los Alpes, cuando realmente el mérito no fue de Aníbal, sino de los elefantes. Creo que hay mayores gestas en lo experimentado a diario, donde se realizan enormes sacrificios de los que no se entera nadie o se pierden en la memoria.

Apuesto fervientemente por la grandeza de lo habitual. Y sobre los héroes, está demostrado que en muchos casos son leyendas, pero la historia las ha sobredimensionado. Así que continuaré escribiendo sobre el día a día de personajes desconocidos, y no menos entrañables a pesar de ello.

Uno de estos personajes es Juan, el podador del jazmín de mi madre, con el que proyecto tener un rato de charla hoy mismo. Juan todos los años viene a calle Merecillas para podar ese jazmín, pues conocía y estimaba profundamente a mi madre, así que cuidar su jazmín se ha convertido en una tradición. Trini se acerca a buscarle a la calle Toronjo y cuando regresa me dice que ha hablado con su hija, quien le ha contado que Juan está fatal porque su señora ha fallecido hace tres días. Yo siento profundamente esta pérdida, intento recordar quién era su mujer, no lo recuerdo en ese momento.

—La mujer de Juan —añade Trini— es cuñada de Manuel Cordón, nuestro antiguo vecino. Haz memoria, este vecino era el padre de tu amigo Jorge, que vive en Málaga.

—¡Ah!, no lo sabía, Trini. Yo me hago un lío con los conocidos, pero tú sabes muchas cosas, será porque te las enseña nuestra vecina Socorrita Artacho. Le pediré que me dé unas lecciones y me ilustre sobre nuestros vecinos. Tenemos previsto quedarnos a vivir en Antequera dentro de un tiempo, así que necesito conocer a mis paisanos.

Juan es un encanto, todos los años en marzo aparece puntualmente por nuestra casa para realizar su labor de podado. En esta ocasión no se encuentra con fuerzas suficientes, pero encuentra una solución buscando un ayudante, que de su mano hace la operación.

Una vez, hace un montón de años, se secó el jazmín que teníamos antes y mi cuñada María José le regaló este a mi madre, pues sabía que ella lo estaba echando de menos.

Juan es un hombre elegante, de pelo blanco y sonrisa muy agradable. Es alto y distinguido, muy caballeroso, mi madre y él se conocían desde que eran jóvenes. Pienso que estará hecho polvo con la pérdida de su mujer y lo siento profundamente. A esas edades la capacidad para todo, incluido el sufrimiento, es mucho menor.

Yo tenía previsto sentarme con Juan junto al jazmín y hablar con él despacio, tranquilos, para que me contara cosas de nuestro pueblo y escribirlas después.

—Cuando quieras —me contestó animado, cuando le hice la propuesta hace un tiempo.

Y este mes de agosto, tenía en mente llevarlo a cabo. Espero no haber llegado tarde, que Juan se recupere y prosiga con su trabajo, con sus charlas y sus rutinas, en la medida de lo posible. Es muy mayor para aguantar el golpe de la pérdida de su mujer, no le va a ser fácil continuar viviendo sin ella.

Comprendo esta situación, aunque no la he vivido afortunadamente en primera persona. Sin el apoyo de tu compañero o compañera de vida, probablemente no tengas fuerzas ni ganas de continuar. «Aunque, Juan, no debes doblegarte, sino mirar al frente y levantar la cabeza», pienso yo, pero esto es fácil pensarlo o decirlo, otra cosa es hacerlo.

He vivido casos similares con buenos amigos, como Enrique Hernández Barrientos, director de la fábrica Cros en San Jerónimo (Sevilla).

Él fue para mí un maestro por su ayuda y sabios consejos, me apoyó siempre. Al poco de jubilarse, falleció su mujer Martina, a la que adoraba y cuidaba. Enrique se encerró en su piso; yo le llamaba de vez en cuando:

—Enrique, sal de casa, vuelve al mundo. Mira, te mando a alguien que te recoja y te traiga a Granada. Disfrutarás viendo la fábrica, te sorprenderá gratamente. Mucho de lo que me has enseñado tú está reflejado aquí, es obra tuya.

No quiso, me dijo que desde que falleció Marina, aunque estaba vivo, realmente había muerto. Murió solo, pienso que de pena. Me enteré por una singular casualidad. Saliendo con prisa del hotel Los Lebreros de Sevilla, tropecé un buen día con mi querido amigo Juan Llona, el cual me dijo que iba en ese momento al funeral de Enrique. Yo no sabía que había fallecido, me quedé de piedra. Cambié de plan, por supuesto, y le acompañé a la iglesia. Quería haber tenido largas conversaciones con Enrique cuando él se jubiló; la vida no nos permitió tener ninguna, se me quedaron pendientes eternamente.

Algo similar me ocurrió con Miguel Pastor Muñoz-Cobo, el hombre que más sabía de olivar en España y un entrañable amigo. Ya enfermo, quedé con él en ir a verle, pero empeoró repentinamente y no pude despedirme. En su entierro en Córdoba me pareció impresionante el número de amigos que allí estábamos para acompañarlo. De nuestras reuniones y conversaciones tengo notas suficientes para escribir un libro, que se llamaría algo así como *La verdadera verdad del abonado del olivar en secano*.

Las reuniones con las personas que te interesan no deben demorarse mucho, ni por trabajo ni por ningún motivo. Y menos a ciertas edades. Porque cabe el riesgo de quedar pendientes, no hacerlas nunca y dejar esa huella en el alma. Para mí, retrasar estos encuentros es un verdadero pecado de omisión, un imperdonable e irreparable error.

Ese día, cuando bajo las escaleras de Calle Merecillas, veo a la señora de la limpieza y entablamos conversación. Ella me pide un libro escrito por mí y me insiste en que se lo dedique, lo cual hago gustosamente, aunque no es algo que me agrade mucho, con mi horrorosa letra; como aparece su hermana, pues lógicamente le ofrezco otro a la hermana.

—Señora, ya me dirá qué le parece cuando lo lea.

—No sé leer, don José Luis. Me lo leerá mi hija.

La llaman por teléfono en ese momento y ella ha contestado: «Estoy trabajando en la Casa Grande y ahora no puedo atenderte». Me encanta esa expresión. Mi casa, la Casa Grande. Así me lo parece a mí, por sus dimensiones, sus vivencias, por los recuerdos que encierra. Muy grande.

Y con mucha vida. Pasan por ella personas que nos conocen desde siempre. Hoy, por ejemplo, entra Angustias Olmedo, cuyo marido tiene una papelería junto a mi domicilio. Su abuela Carmen era la propietaria de la fantástica tienda de La Adriana, una tienda todo limpia y reluciente, abarrotada de deliciosos productos de alta calidad, que desgraciadamente murió con cincuenta y cuatro años; tenía dos hijos, Pepe y Angustias.

Su hija continuó la labor de su madre en la tienda, derrochaba cariño y amabilidad, era la madre de la Angustias Olmedo que hoy nos visita, y es maestra. Tuvo cuatro hijos: el mayor, que se llama Antonio, está en Madrid y es ingeniero; Pepe es médico, casado con Remedios, una buena amiga de Trini, viven en la calle Merecillas; Carmeluchi es la más pequeña, está en Sevilla, trabajando como abogada en la Junta de Andalucía.

Todos son muy apreciados por nosotros, y rebosan amabilidad.

En la casa de enfrente de La Adriana estaba Atanasio, taller de élite. Y junto a La Adriana, cuyo origen de dicho nombre desconozco, tenía una casa Hita Villalón.

Hablando con Angustias Olmedo, llama a la puerta Socorrita, la querida vecina que desde que éramos niños viene a casa habitualmente dos o tres veces al día. Le pido que me cuente cosas de mi pueblo, de nuestros antiguos amigos de la niñez; me encanta oírla. Con su memoria prodigiosa, me informa de personas casi olvidadas por el paso del tiempo y la falta de contacto, de buenas gentes que no merecen el olvido. Los Alamillas, que tenían un taller de carros donde ahora es la casa de los Valverde, tenían cuatro niñas: Sole, Teresa, Carmela y Soco.

Seguimos recordando entre todos a los distintos vecinos que han vivido en calle Merecillas, con los que hemos tenido cercanía, buena amistad, y compartido muchas experiencias: Vicente González, que era guardia municipal y tenía un jardín precioso con muchas plantas.

De Manuel Cordón, que Trini ha relacionado con nuestro podador Juan, no me olvido, trabajaba en Telefónica. En su patio, había un taller con la gran carpintería de Juan Adalid, un carpintero artista y muy amigo de la familia. Él se encargó de realizar las puertas y ventanas de nuestra casa cuando estaba en construcción, las bonitas estanterías de la tienda antigua de mi padre, antes de existir el almacén, el espectacular pasamanos de la escalera que tanto llamó la atención en su época y muchas cosas más, como las cunas de los hermanos y la trona para los niños que aún conservamos en la biblioteca.

Socorrita es un pozo sin fondo, nos evoca personajes olvidados, nos menciona con cariño a la niña de Carmela, que se casó con un Mena, añadiendo detalles sobre que la madre era Sandoval, costurera de sastre, madre de mi amigo Manolo.

Hemos rememorado los tiempos del hotel Colón Chico, en la calle Merecillas. Hacemos memoria sobre los nombres de los hijos de doña Socorro, tanto tiempo sin nombrarlos y salen hoy a la luz: Pedro, Presentación o «Presentilla» y otra hija que se llama Pili.

Hablamos del Bar Pepe Fox y su dueño, buen amigo de nuestra familia, José Cuesta Anguita. De los Trigueros y sus tres hijos: Carlos, Alberto, íntimo amigo mío, y José Antonio. Ella charla y charla con su alegría habitual, me instruye, ríe, narra anécdotas haciéndome retomar el contacto con aquellas buenas gentes con las que crecí. Me acerca a este ambiente que quiero recuperar para integrarme de nuevo en la vida de mi pueblo cuando deje de ser «un antequerano ocasional de fines de semana» para ser un antequerano a tiempo total.

*Ahora ya en 2020, ella es mayor y la memoria le falla. Siempre he tenido interés en escuchar historias de nuestros seres cercanos, pero no tenía tiempo. Ahora que lo tengo, me faltan muchas de esas personas. Pero afortunadamente, Socorrita está aquí y la seguimos queriendo como siempre, como ella se merece.*

# 14. LLEGADA TRIUNFAL A ALBOLOTE

El miércoles 5 de agosto por la noche tenemos previsto volver a Albolote para resolver diversos temas laborales. Estaremos un par de días porque el sábado queremos asistir al bautizo del hijo de mi sobrino Eduardo en Antequera, desde donde nos marcharemos a Barbate ya con otro equipaje más ligero, pues allí no necesitamos trajes, ni haremos colas, ni asistiremos a cenas multitudinarias. Serán días incómodos de idas y venidas entre Albolote y Antequera, para finalmente instalarnos en nuestro piso diminuto y relajarnos en nuestro pequeño paraíso junto al mar.

A las diez de la noche, al entrar al piso de Albolote, nos encontramos el típico e inoportuno problema postvacacional: en nuestra ausencia ha habido un corte de energía eléctrica. Al introducir la llave, observamos que el timbre está iluminado con una lucecilla interna, cosa que nos extraña y nos pone en alerta. Al entrar, las lucecitas de los interruptores están apagadas. Este pequeño contratiempo nos agota infinitamente, la lista de desgracias no parece acabar nunca a lo largo de este dichoso verano. Menos mal que en esta ocasión había pocas cosas en el frigorífico y congelador. Apenas los abrimos, el olor se hace insoportable.

A comienzos de estas vacaciones, antes de salir en el AVE dirección Madrid e iniciar el recorrido hasta Venecia, también hubo un previo corte eléctrico en la casa de Antequera. La tarea de vaciar el contenido del frigorífico, limpiarlo y tirar su contenido se nos hizo eterna. Está claro que quizá con el alto consumo de los aires acondicionados en pleno verano se hayan producido estos desastrosos cortes de energía.

Pero mi pregunta es: ¿por qué todas estas cosas siempre me ocurren a mí? Y encima dos veces en un mismo verano... ¿No podrían repartirse un poco? Desde luego, estas vacaciones están teniendo demasiados percances.

Al ver que en el piso no tenemos ni siquiera agua fresca para beber, decidimos cortar por lo sano e irnos a cenar fuera; iremos a la célebre Cueva y nos tomaremos una cerveza en la barra con su típico plato de lomo en manteca, para eso estamos de vacaciones. Trini, ya sentada junto a la barra, me dice que esta aventura le ha servido para darse cuenta de que soy un padrazo. Por la forma de expresarlo, deduzco que ella se considera una madraza de siempre, mientras que yo sospecho ser solo un padrazo reciente.

Añade que los últimos años suelo guardar mucho mis sentimientos para mí y no los expreso casi nunca, piensa que el trabajo me ha vuelto así. Quizás tenga razón, ella me conoce muy a fondo. Es cierto que me callo muchísimas cosas por no molestar y me hablo a mí mismo mentalmente. Si lo verbalizara todo, sería un problema, no se me aguantaría.

Una vez de vuelta en el piso de Albolote, mi hijo David nos llama para decirnos que acaba de llegar a su casa de Olivares con su mujer y su niña Aitana, que se encuentra perfectamente después de la obligada retención en Venecia. Cada mochuelo está en su olivo, así que en teoría debo estar contento de que todo esté bajo control, pero las emociones han sido muchas y no consigo dormir.

Normalmente duermo muy mal, pero ahora peor aún, lo cual me preocupa porque al día siguiente debo estar despejado, tengo asuntos importantes de trabajo que resolver.

En el dormitorio no solemos usar aire acondicionado, pues pillamos unos resfriados de impresión. Hace un inmenso calor, así que me dedico a escuchar la radio, con cuidado de no molestar a los vecinos pues prácticamente todos tenemos las ventanas abiertas. Miro el reloj: son las 4:24 de la madrugada; salgo un rato a la terraza que afortunadamente es amplia, pero estoy tan desvelado que prefiero sentarme en el despacho de la vivienda y trabajar.

Para ello, improviso para mi portátil un teclado supletorio, ya que su teclado es tan pequeño que con mis manazas de dedos gruesos no puedo teclear, no caben los mismos. El teclado se inclina con dos patillas abatibles; pues bien, una patilla del teclado se ha roto, así que tengo un teclado cojo. Pliego la otra patilla y ya no está cojo, pero queda plano e incómodo. Lo he convertido en un teclado sin patas, un teclado «ápodo», pobre teclado mutilado. La vida es así de dura y la cadena de incidentes no para. Necesito un ordenador nuevo, esto no es forma de trabajar.

Con el calor, no paro de beber agua. Agua a temperatura ambiente, o sea, templada. Por consiguiente, las visitas al baño son infinitas, una verdadera lata. Pensándolo bien, también tiene su parte positiva esto de frecuentar el aseo, ya que me sirve para andar unos metros, en realidad es casi el único deporte que hago al día.

Tras las vacaciones y nuestro «maravilloso» crucero, toca volver al trabajo el jueves, día que empleo en la oficina para celebrar encuentros con el personal, a buen ritmo y sin parar hasta las 14:30. Tras una pausa, continúo las reuniones programadas y el presidente de la empresa me comunica que debo volver el día 11, lunes, a las nueve de la mañana porque estoy citado con él para un análisis general de la situación, debido a la crisis que tenemos encima. Esto no le gustará nada a Trini. Los planes de ir el lunes a Barbate se fastidian. Con estos paréntesis, las vacaciones alimentan menos. Así que después del bautizo, toca vuelta a Granada. Qué le vamos a hacer.

Llegado el momento, le comunico a Trini el cambio de planes:

—Lamento decirte que lunes, martes y miércoles me quedo en Granada. Pero no te preocupes porque, tal como tenemos previsto, te llevo el domingo a Barbate y después, me vuelvo yo aquí.

Ella me contesta una cosa que me encanta:

—Si no puedes ir a Barbate ahora, no te preocupes por mí. Si tú te quedas aquí, yo también.

Le insisto pero su respuesta es rotunda:

—No. Me quedo contigo, yo voy donde tú vayas.

En ese momento, mi hijo David me llama de nuevo muy alarmado, le han cargado en su cuenta del banco un elevado importe en concepto de cargos anexos a la *suite*. Por su parte, mi hija Eva nos cuenta que tiene una pierna hinchada. Nada roto, salida de líquido sinovial. Ella es fuerte y no ha querido decir nada durante el crucero. Eva es así, no le gusta crear problemas a los demás.

Estos pequeños inconvenientes de los hijos me pesan demasiado, será porque no me encuentro muy bien. Noto que me estoy resfriando, como me ocurre prácticamente en todos los viajes, haga la temperatura que haga; los viajes no son lo mío, sinceramente. Acumulo desgracias, y en esto a David, como lleva un 50 % de mis genes, parece que le ha tocado en el pasado crucero.

Uno de mis compañeros me recomienda que no viaje más. Me recuerda que cada año vuelvo peor tras las vacaciones. Hace dos años hice un crucero por el Mediterráneo y cogí un terrible enfriamiento con el aire acondicionado del camarote. Navegaban en ese mismo crucero algunos amigos, entre los que se encontraba mi querido José Yánez con su mujer, uno de mis mejores amigos, aunque cuantificar sentimientos es imposible.

«Solo se puede comparar aquello que se puede medir o pesar», me ha venido insistiendo siempre un buen maestro profesional que he tenido, el inconmensurable José Moral, que me hizo conocer e interpretar balances, manejo de cuentas de la empresa y su mecánica. Además de previsiones y, por supuesto, analítica de costos.

Cuando estuve en Cuba, con Trini y con Mely, apenas regresé me fui directamente a la clínica para un amplio reconocimiento médico. Me encontraba fatal. Hace unos años viajé con mi presidente y vicepresidente a Rusia y Ucrania, y volví con el gripazo más fuerte de mi vida.

Posiblemente tenga una intolerancia a los cambios de país, igual que otros presentan síntomas ante los cambios de temperatura. Parece una exageración, pero más valdría que me quedara en casa, en lo conocido. O hacer escapadas cómodas, sin que los guías nos maten a ver cosas, con prisas y con las piernas hechas polvo. Estaré unos días en Barbate, mi segunda casa, y doy por terminadas las vacaciones.

Puede que en el fondo, lo que ocurre es que no estoy acostumbrado a estar sin trabajar. Calculo que en cuarenta y tres años de vida profesional activa, el total de días no sumará más vacaciones que las de trece o catorce años. ¿Es que soy tonto perdiéndome las mismas? Pues no, solamente que tenía prioridades, proyectos que para mí eran importantes llevar a cabo. Y deseaba tener un nivel alto en mi profesión, en un puesto que además tengo la gran suerte de que me apasiona. Los que no somos listos, como es mi caso, tenemos que suplir la falta de inteligencia con horas. Aparte de poner honestidad, pundonor y esfuerzo. Ya empiezo a ser quizá el que más años lleve en el sector fertilizante español posiblemente. O casi.

Pero no se puede mantener ese ritmo eternamente. Tengo planeado que en los próximos años, teniendo en cuenta que tengo sesenta y cuatro, me tomaré las vacaciones completas. Entre otras cosas, para relajarme de verdad, escribir, que es algo que necesito, y viajar. A mi ritmo y manera. No me encuentro muy bien y no puedo seguir esta dinámica.

Volvemos a Antequera el viernes 8 de agosto, estoy terriblemente cansado, no tengo fuerzas. Llegamos tarde, me acuesto y duermo muy mal. Durante mi estancia de esta semana en Albolote, la avalancha de trabajo que se me viene encima me ha desbordado. A pesar de las horas pasadas ante el ordenador ápodo, no he visto ni el 10 % de los *emails* recibidos, me abruma no poder controlarlos. Pueden quedarse sin leer documentos y detalles imprescindibles laboralmente.

Antes de salir de Granada para Antequera, el editor José María Osuna, me entrega un libro: *Granada en los albores del siglo XXI*, que realmente es una recopilación de artículos sobre lo que piensan algunas personas sobre el siglo iniciado; yo soy una de las personas que ha colaborado con el libro. He de confesar aquí que mi opinión de cómo ha de ser la Granada del siglo XXI la he presentado yo, pero la ha redactado mi hijo Jose apuntándome yo el tanto, que es otra de mis especialidades, y que no practico más porque no se presentan más ocasiones.

Estando ya en Antequera, mi buen amigo, gran amigo José Yánez y su mujer me llaman. Hablamos del tema habitual en este momento, la crisis, y me comentan que Fuengirola está que revienta de gente. A más crisis, más ganas de diversión, y a olvidarse de los problemas mientras se pueda.

Se lo cuento a mi sobrino Nacho, que puntualiza: «Sí, es verdad, la costa está a tope, pero los bares vacíos. Hemos retornado al pasado, ahora se va de nuevo a la playa con las tortillas».

Mal tema esta dichosa crisis que a tantos afectará. Hay que estar preparado para la lucha, así que me voy a cuidar, tengo que lograr ponerme fuerte para estar a la altura de las circunstancias.

# 15. ANTEQUERA: SUS CALUROSAS CALLES Y EL CALOR DE SU GENTE

Es fantástico despertar en esta casa y desayunar el magnífico café con leche que prepara Trini, dándole ese punto especial que se consigue poniendo la cafetera a la menor temperatura posible, para que el café se filtre lentamente. Paso la jornada en mi biblioteca de la calle Merecillas, disfrutando de una buena película proyectada en la pantalla grande instalada en una pared y poniendo al día documentos de trabajo relajada y concienzudamente, para ser consecuente con mis propósitos acerca de esta terrible crisis.

Salgo a las seis de la tarde a despejarme paseando por mi ciudad; es domingo, me apetece tomar otro café, hace un calor de justicia y no encuentro ninguna cafetería abierta. Todo cerrado: «Cerrado por vacaciones», cerrado a causa del calor. Llego por fin a un sitio abierto, la antigua Casa Manzanito en plaza San Sebastián. El café cuesta un euro en Antequera; en Venecia, seis euros. Y no está tan rico. Nos quejamos por quejarnos.

La calle Estepa es la calle de los bancos, bancos, y más bancos. Observo muchos locales comerciales vacíos, con un cartel de «Se vende» o «Se alquila», que me entristecen. No me cruzo apenas con antequeranos, sí con algunos turistas desperdigados y acalorados. Al pasear por esta calle, llamada en realidad Infante Don Fernando, recuerdo que no hace tantos años, el tráfico de vehículos entre Sevilla y Granada pasaba por ella, parando multitud de vehículos a comer, tomar algo o incluso comprar productos locales, muy cotizados. Se ocasionaba algún atasco, pero merecía la pena puesto que el comercio se revitalizaba. Un buen día se hizo el desvío y los comerciantes de Antequera por imperativo de los tiempos, como no podía ser de otra manera, fueron víctimas de la ausencia de clientes. En otros pueblos la situación fue mucho peor, quedando aislados.

Se echan en falta aquellas amplias tiendas de comestibles que existían anteriormente, ya que con la creación de grandes superficies han quedado poquísimas. Al entrar a ellas, te encontrabas en la mayoría un mostrador y jamones colgando arriba, con sus chorreras. Si no limpiaban la cazoleta de soporte del aceite que resbala por el jamón o esta se inclinaba, a veces te caía una gota de aceite encima, lo sé por experiencia, y corrías el riesgo de salir con la camisa decorada, que está claro que es otra de mis especialidades. También se colgaba el bacalao «salao» que, mezclado con el jamón, los arenques y los demás productos a granel, llenaba la pieza de olores profundos, rotundos. Hoy, al venderse prácticamente todo en bolsas herméticas, han desaparecido aquellos aromas auténticos. En el lugar de aquellas fantásticas tiendas hay bancos y bancos, que han quitado la alegría del comercio plural. Y la calle Estepa ha perdido sus esencias comerciales en buena medida.

El triste asfalto callejero sustituye a los bonitos adoquines que pisé de niño. Hoy, 10 de agosto, la elevada temperatura calienta el asfalto, los zapatos se me pegan al suelo, haciéndome andar forzosamente por las aceras. Si tuviéramos más calles peatonales, seguro que caminaríamos más y mejor.

En estos días en mi ciudad he tenido un encuentro familiar muy reconfortante, ya que se celebró en la iglesia San Sebastián el bautizo de mi sobrino nieto, hijo de mi sobrino Eduardo. Lo bueno que tienen estas reuniones familiares, es volver a ver y abrazar a personas a las que aprecio y con las que escasas veces coincido. Además, en este caso, también salí con un reloj Gucci que llevaba puesto mi hermano Juan Carlos. Le pedí que me lo dejara para probármelo y me lo regaló, después de llamarme cateto, porque le dije que nunca había tenido un reloj con marca de moto. No entendió mi chiste.

Tras el bautizo, nos vamos al restaurante El Coso Viejo, donde la empresa Querqus (creo que el nombre significa nogal), la misma que dio el *catering* en mi casa con motivo de la presentación del libro *Antequera, otra vez*, nos ofrece unos magníficos y abundantes aperitivos, tras los cuales pensé que la cena estaría de sobra pero me equivoqué, pues estaba exquisita y dejamos los platos limpios. Sin duda, unos buenos profesionales del sector.

Mi mujer y yo compartimos mesa con mi hermano Antonio, mi hermano Juan Carlos, Juan Jesús Lara y sus respectivas señoras. Mi querida sobrina María se nos acerca, cariñosa como siempre, con una señorita alemana de ojos muy claros y con un tatuaje en el brazo, es un «7» muy grande que llama mi atención, por lo que le comento a Antonio:

—Me estoy planteando hacerme yo también un tatuaje elegante, no muy grande pero sí original, entre la muñeca y el codo, y como siempre tengo por costumbre remangarme al trabajar, pues sorprenderé a los visitantes.

Al no contestarme, le vuelvo a cuestionar:

—¿Qué te parece, Antonio?

—Pues me parece una estupidez como un piano de grande.

—Pepe —me interpela Juan Carlos—, estás totalmente encasillado en tu trabajo, no sabes hablar de otra cosa. Te aconsejo que te jubiles y te dediques a ver mundo, que falta te hace. Estás encajonado, tienes que salir de ese cajón y apreciar el mundo que te rodea. ¡Ya es hora!

Reflexiono sobre el tema; me lo dicen mis hijos, todos mis hermanos, todos los que me quieren. Seguro que tienen razón, pero siento que aún no es el momento de hacerlo.

Allí permanecemos hasta las 2:30 de la madrugada en una velada estupenda, de la que salí extenuado, pero contento y satisfecho del día familiar compartido.

Los siguientes días sentí un cansancio extremo. Ya lo había detectado anteriormente; en realidad, llegué ya agotado al crucero y también lo estaba al dejar el barco. Pensé que con pasar 48 horas en casa retomaría mi energía habitual. Pero transcurren los días y no me recupero. Temo la incorporación al trabajo en este estado, tengo que hacer algo.

Me sentía tan fatigado que me dejé convencer por una vez en mi vida y fui a visitar a una curandera. No me explico aún cómo estuve para tirar por la calle de en medio y buscar una solución así, un milagro. Una y no más, Santo Tomás. Nunca he creído, evidentemente, en medicina de este tipo, creo en los médicos y no en las brujas, ni en las apariciones, ni en que te lean las manos y zarandajas de ese tipo, pero me encontraba tan mal que decidí acudir nada menos que a Almería por recomendación de unos amigos, que me insistieron tanto que me hicieron pensar que podrían tener razón.

Cómo no, allí, aunque habíamos reservado cita previamente, también había que hacer cola. Inaudito este verano «encolado».

Cuando me tocó mi turno, accedimos a un cuchitril donde se me realizó un supuesto reconocimiento «médico», vigilado por los dos guardaespaldas de la falsa doctora, que fue ridículo y abochornante. Consistió exclusivamente en levantarme de forma alternativa uno y otro brazo mientras ella lo palpaba, muy pensativa.

—Mire —me dijo «la médico» tras la maniobra realizada—, usted es como un avión que tiene tres motores, y tiene quemados dos de ellos. Va por la vida con un solo motor, y como este le falle, se cae y se estrella.

Yo estaba sudando e incómodo. «Pero ¿qué hago yo aquí?, ¿seré imbécil?», pensaba, mirando la extraña consulta donde me hallaba. Realmente me encontraba mal, estaba perdido.

—Además —prosiguió la buena señora— no tiene ningún motor de reserva, si se avería el que tiene, pues ya sabe... se va al otro mundo. Pero yo le voy a entregar unas pastillas especiales que vienen de EE.UU. Cuando se le terminen me llama y le envío otro lote contra reembolso; tardan un mes en fabricarlas porque las hacen a medida según la información que le facilito. De modo que dentro de un mes recibirá contra reembolso las pastillas.

—¿Y cuál es el importe de la consulta?

Me dijo el importe, que ahora no recuerdo, pero no era nada barato, diciéndome que había tenido mucha suerte, pues normalmente tenía lista de espera de varios meses.

Ya no pude aguantar más.

—Señora, le pago la consulta, y le agradezco infinitamente que me diga que me he convertido en un avión, pero no quiero por nada del mundo «pastillas americanas de diseño», así que me quedo planeando con el motor que me queda. No se moleste en absoluto conmigo, pero es que no creo para nada en estas cosas. Es más, no sé cómo me he dejado convencer para venir aquí.

—Usted sabrá lo que hace —me dijo ella—. Ya sabe que su estado es muy delicado.

—Sí, señora, no le digo que no. Si estoy aquí, es porque me encuentro abatido. Yo no le he comentado nada del suyo, pero le confieso con toda franqueza que también soy adivino y estoy preocupado porque, sin hacerle subir los brazos a usted, le veo la cara mal, pero que muy mal. Si quiere usted, le recomiendo un líquido en botella contra reembolso que lo hacen en Bollullos del Condado.

Trini estaba lívida y me repetía: «Por favor, Jose, cállate. Estás montando un espectáculo».

Los dos subalternos que acompañaban a la supuesta doctora, un hombre y una mujer, me miraban con cara de espanto, había tensión ambiental. Trini estaba muy nerviosa. Salimos escopetados de la consulta y volvimos a Granada enfadados, sin hablar durante el trayecto, y yo más agobiado todavía por el día que había perdido. Trini estuvo dos días sin hablarme. Eso me dolió más que el precio de la consulta.

Conclusión: hay que aprender a decir que no, y no hacer lo que te sugieren los demás, sino seguir tus convicciones e instintos. Espero no olvidarlo.

# 16. PARÉNTESIS LABORAL EN ALBOLOTE

La primera mañana en Albolote, el día 11 de agosto, mi compañero Dan Alberto López se ofrece a invitarme a desayunar, lo cual me hace ilusión. Desayunar con una persona como él, y además gratis, es una forma estupenda de empezar una dura jornada. Pido media tostada con aceite y jamón que tiene una pinta estupenda, y aprieto el pan con mi mano de tal manera, que sale un chorro de aceite proyectado a mi camisa roja de algodón. Me pongo hecho una pena, una vez más. Ya he aclarado anteriormente que una de mis especialidades es decorar camisas con diversos tipos de manchas. Manchas de vacaciones y manchas laborales. Y encima, a mi compañero se le había olvidado el monedero. Ya es mala suerte la mía.

—¿Me puede dar el quitamanchas, por favor? —solicito dirigiéndome a la agradable señora y apreciada amiga del Asador Aguilera donde nos encontrábamos, la cual me miró primero a mí, y después, alarmada, a mi camisa.

Se repite el proceso que ya me ocurrió durante el último desayuno en el barco: intento quitar la mancha, y no lo consigo. Los quitamanchas, por lo general, no quitan el recién nacido lamparón. En realidad, lo sustituyen por otro más grande, habría que cambiarle el nombre y llamarles «agrandamanchas».

Tengo que intentar tener más cuidado en adelante o las broncas familiares por mi desaliñado aspecto continuarán. Decido que lo mejor será volver a casa y cambiarme de camisa, lo cual es delicado pues mi dulce Trini, que no quería ir a Barbate pues prefería estar siempre a mi lado, ahora no está en la misma onda. De hecho, sigue de morros conmigo por el espectáculo de la curandera y posiblemente se va a enfadar por mi falta de cuidado. Pero tengo suerte, no está en casa. Me cambio rápidamente y me voy a la oficina algo más conforme, pero escaso de tiempo por el incidente. Espero ser más hábil para solucionar los temas laborales que para quitar manchas.

Una vez allí, estoy reunido con el presidente y vicepresidente de mi empresa desde las 9:30 hasta las 17:30. A esa hora, literalmente reventados de tanto cavilar, nos vamos los tres a comer al restaurante La Cueva; el tema de conversación durante el almuerzo fue el siguiente: «acciones a tomar ante la crisis», y así, sin parar, hasta las diez de la noche.

No obstante, me siento satisfecho con las propuestas que he hecho y con la forma en la que he logrado llevar la reunión. Definitivamente, se me da mejor trabajar duro que viajar blando. Mis superiores se muestran contentos con la línea de trabajo que propongo. Tendremos otra exhaustiva reunión el martes para presentarles el Plan Quinquenal que he elaborado.

Demasiado contraste para mi agotado cerebro, que no termina de ubicarse. De contemplar las aguas del mar, por muchos inconvenientes que haya tenido el dichoso crucero, he pasado a sumergirme profundamente en los problemas de una crisis para intentar salvar a numerosos empleados. Hay un abismo. Pero realmente estoy agradecido a la vida por haber tenido la suerte de encontrar un trabajo creativo como este, que me llena. Es fantástico poderme implicar en el desarrollo de proyectos nuevos y además, haber liderado muchos de ellos. Afortunadamente, mis superiores y yo, tanto mi presidente, Juan Romero Ruiz, como mi vicepresidente, Joaquín Romero Ruiz, hemos mantenido buena química y unas ideas muy próximas a lo largo de los años en cuanto a la forma de enfocar el desarrollo de la empresa. A los dos les tengo un alto aprecio. Y el balance, agraciadamente, es muy positivo (modestia aparte).

No me quiero echar ninguna flor, pero en diversas publicaciones profesionales, así como en escritos y correos personales que conservo, numerosas personas vienen a decir que soy un referente destacado en el sector, obteniendo menciones que a unos gustarán y a otros no, lo cual, desde luego, me da exactamente igual. Yo no he hecho otra cosa sino estudiar y aprender día a día, lo cual me ha servido de estímulo. Y tengo la suerte de dominar prácticamente todas las áreas de la profesión, cosa que no suele ocurrir hoy día en que hay especialistas de cada sector o aspecto. Mi larga experiencia, las diversas empresas y sectores donde he trabajado y el haber sido pionero de los abonos líquidos en España, me han hecho conocer a fondo el proceso global de la alimentación vegetal, desde la fabricación de la misma hasta el momento en que la planta la asimila. Al rememorar mis lejanos inicios, siempre me viene a la mente mi buen maestro y al mismo tiempo querido amigo en Amoniaco Español, Francisco de la Torre.

Navegando en mi memoria, recuerdo que un día di una conferencia en el hotel Los Lebreros en Sevilla sobre la futura fertilización dentro de cincuenta años. Una conferencia basada en sueños y que, por cierto, tuvo buena acogida. Alejandro estaba presente, y ya de vuelta a Barcelona me envió una original carta que creo que aún conservo y que venía a decir: «Que haya personas como tú, que escriban y empleen su mente y su energía en preparar y dar una conferencia sobre este tema de cómo será el abonado dentro de cincuenta años, en estos momentos de enorme incertidumbre sobre su estado en la actualidad, me asombra y maravilla. ¡Con el lío que tenemos cada día!».

Pero ahora no estamos para ponencias, mi prioridad es la fábrica, estoy centrado en ella y en los cambios precisos para que siga adelante. Me preocupan estos momentos de crisis, debo reflexionar, trazar más propuestas y hallar posibles salidas. Trini siempre me dice que no planifique tanto, que después surgen otras cosas, pero yo tengo mentalidad de planificación hasta en el día a día.

Ella tiene motivos sobrados para quejarse de esto pues en mi trabajo, por imperativos imprevistos del mismo, en numerosas ocasiones tengo que cambiar nuestros planes personales y familiares. Al primero que le duele modificarlos es a mí, pues esto afecta a una mente cuadriculada como la mía. Acostumbro a planificar porque no me gusta ir a salto de mata, no me gusta improvisar. En general, las improvisaciones no son buenas.

En fin, con todos estos recuerdos laborales, cierro el capítulo profesional y me despido del trabajo de Albolote por unos días, pues mañana, 14 de agosto, por fin saldremos en dirección a mi paraíso particular, donde verdaderamente descanso: Barbate.

# 17. BARBATE, MI SEGUNDA PATRIA CHICA

Salimos el jueves 14 de agosto por la mañana en dirección a Barbate. Comemos en Casa Pinto, en La Barca de Vejer, una ventresca de atún a la plancha que está fantástica, francamente sabrosísima, y es que ese establecimiento goza tradicionalmente de una calidad indudable. Siempre ha sido así. Un sitio de referencia.

Al llegar al apartamento, hago un chiste que no le hace gracia a mi mujer. Llevaba un periódico recién comprado y lo metí en el frigorífico vacío.

Ella abre de par en par sus bonitos ojos claros y me pregunta:

—¿Para qué metes el periódico en el frigorífico?

—Pues Trini, para qué va a ser, pues para tener las noticias frescas.

No se ríe. Su cara no mueve ni un músculo, solamente me dice, muy despacio, moviendo la cabeza de un lado a otro:

—Si no eres más tonto, es porque no te entrenas.

—Es un buen chiste, mujer. Nadie me entiende.

—Anda, dame un libro dedicado para Mari Ángeles, la pintora cordobesa, que me voy a bajar a la playa y se lo hemos prometido.

De esta pintora poseo una magnífica pintura que compré un día que asistimos a una exposición, que tuvo lugar precisamente allí, en Barbate. Su especialidad son los bodegones, pero yo elegí, como buen perito agrícola, un cuadro enorme de un campo de olivos, que tenemos colocado en la salita de Barbate. Digo «salita» porque el apartamento es minúsculo, no puedo llamarle salón, es una palabra que le viene grande.

Siempre traigo algunos de mis nuevos libros para los numerosos y estupendos vecinos que tenemos en este lugar. No es un buen negocio esto de escribir y regalar los libros, se pierde mucho tiempo repartiéndolos y, además, dinero. Sin embargo, se ganan amigos y eso no tiene precio. A los que insisten en pagar les digo siempre que me paguen con una sonrisa, y pongo como condición que, por favor, intenten leerlo. Si no les gusta, no hay problema, pero aun así exijo que se lo recomienden a sus amistades.

Fidel es muy amigo de Trini y mío, es una persona especialmente entrañable, con un candor e inocencia nunca vista. Le adoro, me encanta su mente de niño, su buen humor, su sensibilidad, su risa fácil. Queríamos mucho a su padre, un perito industrial muy competente que trabajaba en Sevilla en una constructora y falleció hace poco en un desgraciado accidente. Todos le echamos en falta.

Fidel es un encanto; él guarda lo que escribo como oro en paño, se ríe mucho conmigo y yo con él, también es amigo de mis hijos. Es una delicia por la espontaneidad y cariño que invariablemente desprende.

Estábamos en plenas olimpiadas chinas, viendo la televisión juntos, y le pregunto:

—Fidel, ¿sabes cuál es el deporte nacional chino?

—No —me contesta él.

—Pues el tirachinas.

Y se ríe a mandíbula batiente.

—Fidel, ¿sabes cómo se dice en chino «99»?

—No —me contesta de nuevo, preparándose para reír, antes incluso de conocer la respuesta.

—Cachicien.

Se le saltan las lágrimas, apenas puede hablar.

—Y mil, ¿cómo se dice en chino, Fidel?

—No lo sé tampoco —me responde él.

—Es sencillo Fidel, cachimil.

Me siento a gusto en esta pequeña vivienda, rodeado de gente cariñosa y afable, si bien prefiero Barbate en invierno mejor que en esta época, pleno agosto, con tanta gente y calor abrasador. Me gusta más la playa desierta y ver llover sobre el mar, para mí es un espectáculo fascinante.

No suelo frecuentar la playa cuando vengo aquí. Todos me dicen que estar en Barbate y no disfrutar de su mar y sus arenas es un pecado. Pero yo gozo de este lugar a mi manera: leo, escribo, hablo con sus gentes, respiro, paseo y disfruto de su gastronomía; no necesito nada más. El mar no es mi pasión precisamente, bañarme en él me da realmente miedo; tuve una mala experiencia en Torre del Mar con mis hermanos y sobrinos que debe haberme marcado profundamente, pues desde aquel día miro sus abundantes aguas con cierto recelo. Me gusta más una buena ducha, con la temperatura adecuada, o una caminata por la playa cuando no hay tanto sol ni tanta gente.

Esa misma tarde decido llamar a mi amigo José Yánez, a David y a otras personas a las que he mandado el escrito del libro, pues no he recibido respuesta alguna a la petición de opiniones sobre él. Está muy ocupado en ese momento, pero le insisto; soy un poco cabezota.

—Pepe, ¿has leído ya el *email* que te he enviado?—Aún no. Es que estoy de vacaciones en Fuengirola cargado de nietos, hombre.

—Bueno, es que te he enviado el borrador de un libro. Es solo para saber tu opinión. Míralo cuando buenamente puedas.

Hago la misma pregunta a mi hijo David.

—Sí, yo lo he leído —me contesta—, pero tienes que darle un tono más humorístico. La vida necesita humor, la vida es alegría, las tristezas no hay ni que nombrarlas, vienen solas. Este relato es muy serio, lo has convertido en un libro de quejas.

—Pues yo pensaba que era un libro alegre. Aparece la realidad en él, las angustias y reflexiones acaecidas, pero también hay bastante humor, me río de mí mismo. Es la verdad que hemos vivido y no la quiero camuflar.

—Papá, tus alegrías son muy tristes —y añade con rapidez—. Bueno... hay algunos golpes buenos —yo noto que titubea, que se ha arrepentido de su calificación y quiere enmendarla sobre la marcha—; lo cierto es que con unos toques de humor, quedaría mejor.

Ambos comentarios me dejan chafado, nadie me anima a seguir ni me felicita. Me quitan la ilusión. Incluso he tenido algún otro muy negativo, animándome a no publicarlo por la falta de interés de su contenido.

Casualmente, recibo más tarde una llamada de mi hijo Jose, siempre pendiente de mis caprichos, que me pregunta de entrada cómo llevo este último libro *Antequera, Venecia, Barbate*.

—Lo he dejado, Jose. Es un rollo. No está teniendo buena aceptación. Llevo varios días sin escribir.

—Pues yo me he reído bastante con su lectura cuando me lo mandaste por *correo electrónico* —me dice, con voz sorprendida.

—¿Piensas que debo continuar?

—Sí, por supuesto, remátalo. No hagas caso a nadie y no te preocupes por tus lectores, al menos tus hijos no te vamos a fallar.

Por ahora falla hasta el lucero del alba. Lo pensaré.

El lunes 18 de agosto, nos fuimos Trini y yo en coche en dirección a Cádiz para pasar el día. Al ver un letrero de El Corte Inglés, estacionamos allí para hacer una parada.

—Señorita —pregunté—, ¿dónde estamos?

—Esto es San Fernando. En la provincia de Cádiz se encuentran tres almacenes de El Corte Inglés: Cádiz capital, San Fernando y Jerez.

Como son las once de la mañana y es la hora de mi café en el trabajo, pregunto dónde está la cafetería, pero me responden:

—Este establecimiento no dispone de cafetería, tiene que salir usted del complejo.

—Muchas gracias, saldré del complejo sin complejos.

Después de haber pedido y tomado, como suelo hacer, mi café con leche en taza, el 80 % de café y el 20 % de leche a 45 grados centígrados, de camino a El Corte Inglés le pregunto a Trini:

—Mis bañadores, ¿dónde están?

—Ni idea, eso es cosa tuya, supongo que en Antequera, en el fondo de algún cajón. Como nunca te los pones, sabe Dios dónde los dejarías.

—Bueno, no pasa nada, me compro uno.

—Señorita —pregunto de nuevo—, ¿dónde hay bañadores para un monstruo?

—Allí, en tallas especiales —responde perpleja.

Fue toda una sorpresa para mí lo que encontré allí. No sabía que existían tallas 1XXL, 2XXL... 5XXL. Yo pedía la XL y ya está... ¡Con razón todo me quedaba pequeño! Parece que vivo en otro planeta, no estoy al día. Soy una especie de extraterrestre.

Total, que feliz con mi descubrimiento, seleccioné unos cuantos y me dirigí a la caja.

—¿No se los prueba? —me pregunta la señorita.

—No, prefiero no hacerlo —le respondo yo.

Trini no está conforme, le preocupa que me queden pequeños.

—Pues los guardaré para cuando adelgace —contesto.

Esto de tallas especiales es un término que no me gusta nada. De entrada, te atienden unas señoritas delgadas y especiales, pero no de volumen, sino de belleza, lo cual te acomplejan más todavía. Convendría que pusieran al menos algunos hombres similares a las tallas demandadas. Y también opino que los probadores deberían ser más grandes que los de los demás departamentos, pues los que tenemos más talla precisamos más espacio y sufrimos en esos estrechos cubículos de tortura. Bastante tenemos con que la ropa nos quede estrecha. Los probadores deberían hacerse a medida de la talla. Es lo menos, apenas quepo entre sus exiguas paredes, y hace años que es imposible para mí sentarme dentro de uno de ellos.

Además, su escasez de espacio conlleva que te veas muy de cerca en el espejo, y es deprimente. Me recuerdan a esa atracción de los espejos curvados que visitábamos en las ferias cuando era pequeño, que te deformaban el cuerpo, solo que entonces me causaban risa; pero confieso que con esto lo paso muy mal y lo que me provoca son sudores fríos, por mucho aire acondicionado que haya. Sería genial verse uno desde lejos, cuanto más lejos mejor, en un espejo grande. ¡Qué desgraciado soy!

Finalmente, a petición de mi mujer y no sin resistencia, me decido a probarlo y al ponerme el bañador me llevo una gran alegría: caben cuatro como yo dentro del mismo. Me maravilla que los haya más gruesos que yo. Pido, orgulloso, tallas más pequeñas, la 58 me queda perfecta. Me gustan los bañadores grandes, no soporto los estrechos, no puedo tener ropa pegada al cuerpo, necesito espacio de aireamiento.

Como Trini sabe lo difícil que soy comprando ropa me dice:

—Compra dos y así, con lo poco que te bañas en la playa, ya tienes para lo que te queda de vida.

—De acuerdo, buena idea —le contesto.

Espero usarlos, la verdad es que a veces compro ropa que jamás me pongo y otra que no la dejo nunca.

—¿Por qué no te pones esto? —me pregunta ella de vez en cuando—. Que está absolutamente nuevo y es bonito.

—No lo sé, Trini. —Pero sí lo sé, es que esa prenda no es «cariñosa» y no quiero prendas que me arañen, quiero prendas que me acaricien la piel.

—¡Vaya respuesta! Eres algo maniático —me dice.

—Sí, es verdad, soy totalmente consciente de ello.

Necesito comprar también unos zapatos de deporte para andar un poco. Los que me he llevado al crucero me han provocado daño en un lateral del pie; me viene a la memoria que en Antequera, cuando yo era niño, le llamaban «cebadura».

—¿Qué número necesita? —me preguntan.

—Pues el 48 —respondo yo.

Me los pongo y me quedan clavados. Hoy es mi día. No suelo tener tanta suerte en las compras.

Mi mujer me anima a comprar unas sandalias, a tener un calzado y una ropa acorde con el lugar donde estamos veraneando. Protesto porque a mí no me gustan las «chanclas» esas de meter la gomita entre los dedos.

Me traen entonces unas enormes sandalias de goma, cada una de ellas por sí sola parece un barco, es decir, me traen dos barcos.

Me las pruebo y exclamo, eufórico:

—Estupendo, estas son mías. Son mis sandalias soñadas. ¡Por fin, las he encontrado, me acompañarán de por vida!

Satisfecho, como niño con sandalias nuevas o más bien «sesentón con barcazas nuevas», animo a mi mujer a comprarse algo. Ella insiste en que tiene de todo, aunque yo sé perfectamente que en el fondo prefiere ir sin mí, para comprarse lo que le gusta a ella, y no lo que me gusta a mí para ella. Que son cosas diferentes.

—Pues ya puestos, me voy a dar un caprichito veraniego: una minigrabadora digital.

Elijo una muy pequeña, de tamaño... de precio no, pues son 120 euros.

—Si no le funciona, me la devuelve —me dijo el dependiente.

—El problema es que soy muy torpe con los aparatos electrónicos y necesito que usted me lo explique pacientemente hasta que yo me entere. Si no es así, sé que no entenderé el manual de instrucciones, me frustraré y no la utilizaré jamás. Se lo digo porque ya tengo una parecida, que no he usado nunca por ese motivo.

El dependiente coge unas tijeras, rompe el envase de plástico, pone las pilas y me confiesa:

—Yo tampoco tengo ni idea de cómo funciona, caballero.

Total, allí estamos los dos un rato, hasta que más o menos aprendemos ambos a manejarla un poco, no mucho.

—Pero ¿para qué la quieres? —pregunta mi mujer.

—Pues para grabar cosas en vez de escribirlas, así no se me olvidan.

Ella pone los ojos en blanco.

Al volver a Barbate, intentamos tomar unas ortigas de mar en El Campero, pero lo encontramos cerrado y decidimos ir al restaurante El Faro, allí se está fresco y agradable, el ambiente es acogedor.

Mientras comemos, no se me va de la cabeza que el lunes 25 agosto debo reincorporarme al trabajo en Albolote. Esta semana pretendo relajarme, pero me conozco, ya veremos si soy capaz de conseguirlo.

Al rato, empiezo a recibir llamadas laborales; parece que me han oído y no me van a dejar descansar.

Me llama primero un insistente empresario de Zaragoza, intento escaparme del compromiso con la disculpa real de que estoy de vacaciones, pero él no se achica: está dispuesto a venir a donde yo diga pues tiene una interesante propuesta que presentarme. Me resisto porque no quiero perder uno de los pocos días libres que me restan, pero me pica la curiosidad y quedamos en vernos el jueves. Cuelgo y a continuación me llama la señorita Almudena, directora de la fábrica de Hispalense de Sevilla, tan activa y vivaz, un modelo de dirección de fábrica. Me cuenta que me han ocupado ya parte de la semana con nuevas citas de trabajo; empiezo a sentir la presión.

Hoy lunes ya se ha notado un incremento de veraneantes por el puente del 15 de agosto, está a reventar, lo que me hace echar de menos mi querido y tranquilo pueblo natal. Este año me pierdo la Feria de Antequera y los toros, lo cual siento, porque Antequera es mi tierra y me encanta acudir a sus eventos, pero esto no puede volver a pasar. Los próximos años yo no me pierdo la Feria de Antequera, lo organizaremos todo con tiempo.

La vida se pasa rápido, y solo hay una. Daremos prioridad en adelante a las cosas que nos gusten a ambos y nos hagan felices.

# 18. LA REUNIÓN ANUAL CON BENITO PALOMINO

Una vez al año, como un ritual, cuando estoy en Barbate tengo por norma contactar con un antiguo compañero que vive en Jerez, que es Benito Palomino, y nos reunimos a comer y a hablar del mundo.

También suelo aprovechar para tener un encuentro con Alberto Romero Girón, que tiene un apartamento en Atlanterra, y con Juan Pedro Romero de la Lastra, con el que acostumbro quedar siempre en la Taberna de Abelardo de Barbate con el plan de tomarnos unas cervezas y darnos un abrazo.

Pero este año no voy a quedar con todos por falta de tiempo; declino contrariado algunas invitaciones para respetar las prioridades como me he propuesto y quedo pues solamente con Benito.

Nos vemos los dos normalmente en Medina Sidonia, para partir el camino entre Jerez y Barbate, en Venta La Duquesa. Pero este año me ha citado en otro lugar, en la Venta El Carbón que está abierta desde 1804, hace más de dos siglos, también en Medina. Parece ser que es la más antigua de la provincia de Cádiz.

Hoy Benito dijo al camarero:

—Queremos un arroz caldoso.

—Pues lo tenemos con pollo y con atún.

—¿El pollo es de campo? —pregunta Benito.

—Sí, señor, auténtico del campo.

—¿No será de granja? Mire que yo los distingo bien y no lo quiero de granja.

—No, señor. Es auténtico pollo campero.

—¿Seguro? —insistía mi amigo.

—Así es, totalmente seguro.

Yo estaba incómodo con tanta insistencia. El camarero soportaba estoicamente las repetidas preguntas, seguro de sí mismo y de la calidad del restaurante.

Cuando el camarero se fue, Benito me dijo:

—No me fío, a lo mejor es pollo de granja.

—Benito —le dije sorprendido—, si tienes temor, ¿por qué lo has pedido?

—Porque me encanta el arroz caldoso con pollo.

—¿Y qué más da, si te gusta tanto el arroz con pollo, que sea de granja o campero? Tan grave no es.

—Sí, José Luis, es muy importante. No quiero pollo de granja, le ponen muchas hormonas y temo que me crezcan las tetas y se me pongan como las de las señoras.

Me parto de la risa con las ocurrencias de este hombre.

Cuando terminamos de comer el exquisito arroz y le digo que es hora de volver a casa, me contesta:

—Sí, sí, pero anda, paga tú que creo que el año pasado pagué yo.

—Claro, sin problema. Pago yo y salgo ganando, que este año es más barato que el pasado.

Tenemos un humor bastante parecido y nos reímos con nuestras tonterías, no necesitamos más.

Le aconsejo al despedirnos:

—Benito, tienes que venir un fin de semana a Antequera con tu mujer.

—Lo veo difícil, mi mujer no se sube conmigo en el coche jamás, solo si vamos cerca, y pide un taxi. Dice que estoy loco y corro mucho. Por nada del mundo se sube al coche conmigo últimamente.

—Pues yo no corro, pero Trini critica también mi forma de conducir, kilómetro a kilómetro. Va a mi lado tensa y protestando porque voy demasiado lento. Lo contrario que la tuya, pero para el caso es lo mismo, porque ambas protestan.

A la vuelta me voy a turistear, me paro en San José de Malcocinado y después en Benalup, antes Casas Viejas. Busco y encuentro (cosa rara), las oficinas de Información y Turismo, allí había una niña de «nueve años», como diría el Mío Cid. La chica era demasiado joven, no sabía casi nada de nada, pero era voluntariosa y simpática. A falta de información, tomé un folleto de cada casillero para leerlo en Barbate despacio. Casas Viejas es un lugar con historia, fue donde ocurrieron los sucesos de 1933, que acarrearon la caída del gobierno de Azaña.

Aprovecho la ocasión para acercarme a la comarca de La Janda que, por cierto, me encanta.

La impresionante finca Las Lomas, moderna y avanzada, es todo un modelo de agricultura, y es en realidad la laguna de La Janda desecada; cuando se desecó eran unos años en los que las lagunas eran muy denostadas y consideradas como un mal por su agua estancada y la población de mosquitos, los cuales eran frecuentemente portadores de enfermedades. En esta finca trabaja un buen amigo, Telesforo Carpintero, que estuvo en Antequera ejerciendo como jefe de cultivos de la Azucarera. Las inversiones efectuadas han sido y siguen siendo enormes, y la agricultura es moderna y competitiva; es una finca que conozco a fondo.

Ya en el coche me llama otro perito agrícola, un grandísimo amigo, Pablo Marrero Albertos, que trabaja en Fertiberia. Debido a la vuelta ciclista a España en la que Fertiberia es patrocinador, esta empresa organiza una cena en Granada el 29 de agosto, a la que nos invitan, y a la que asistirán, por supuesto, el presidente y vicepresidente de la empresa en la que trabajo, así como el director comercial de Fertiberia. Todos iremos con nuestras parejas al Restaurante Cunini, donde tiene una sala reservada

Pablo es de mente clara, tiene ideas acertadas y definidas, mucha experiencia, además de ser un entrañable amigo. Nos caemos bien, de siempre.

Me quejo del cansancio, del trabajo tan exigente, o de lo exigente que soy profesionalmente, no sé... Pero debo decir que este entorno laboral es indudablemente donde más amigos he cosechado.

En mi deambular por el mundo, he conocido a muchas personas, y como no soy buen fisonomista y llevo muchos años en el sector, pues a veces no me acuerdo de quiénes son.

Por lo visto, tengo amigos que yo no sabía que lo eran, pero resulta que los tengo y están ahí siempre cuando hacen falta.

Tengo personas a las que consideraba amigas, aunque me han demostrado no serlo tanto.

También he tenido amigos con los que me he llevado sorpresas terriblemente decepcionantes y desagradables; no son lo que yo pensaba y, por tanto, están borrados de mi lista de amigos.

Supongo que todos tenemos estas experiencias subjetivas. Pablo en concreto, es un «amigo-amigo», de los de verdad.

Y lo que es real como la vida misma, aunque parezca una paradoja, es que tengo muchísimos amigos muertos. Así que no os conviene ser amigo mío.

Pero en nuestro ambiente laboral hay una excelente colaboración y unión entre los diferentes peritos, jefes, compañeros y demás personal, un ambiente solidario y amical que me enriquece personal y profesionalmente.

La reunión de hoy con Benito me ha sentado de maravilla; la próxima de Pablo también me hace ilusión. Y así estamos los colegas del sector, desde siempre: cohesionados y buscando ocasiones para encontrarnos y pasar buenos ratos con nuestras familias, las más de las veces. Somos una gran familia bien avenida que ayuda a hacer la vida más fácil, y en la que aún permanecen los compañeros de carrera, con los que sigo reuniéndome desde hace tantísimos años siempre que puedo.

# 19. EXCURSIÓN A BOLONIA

Ya nada es como antes. Soñaba con expansionarme durante un día en la sensacional playa de Bolonia, que yo recordaba desierta, pero la encontré repleta de gente. Añoro aquella playa tranquila, como era hace años. Como no acostumbro a ir de playa, al llegar caigo en la cuenta de que mi piel no está acostumbrada al sol, y no veo toldillas ni hamacas de alquiler, que en alguna ocasión habíamos utilizado. Le pregunto al guardacoches:

—Las quitaron el año pasado —me responde.

—¿Por qué? ¿Era mal negocio?

—No tengo la menor idea.

—Pues me han fastidiado.

—Vámonos a otro lado —apunta Trini.

—Pues no —le aclaro—. Prefiero mejor comprar una sombrilla que ir a buscar otra plaza de *parking*.

El guardacoches me ayuda:

—Ahí enfrente, en el supermercado, puede encontrarlas. Y cuando vuelva debe cambiar la rueda, la veo muy floja, puede que pinchada —añade.

—Hombre, muchas gracias por avisarme, no me había dado cuenta. ¿Hay un taller por aquí? —le pregunto a mi recién amigo, el guardacoches.

—Pues no, pero si quiere se la puede cambiar el taxista del pueblo, es buen mecánico.

—¿Dónde puedo encontrar al taxista? —pregunto yo.

Y mi interlocutor me señala un punto en el infinito.

—Allí suele aparcar a veces, pero hoy lo va a tener difícil, en esta época suele tener mucho trabajo con el taxi.

—¡Estupendo! ¡Estupendo! —contesto yo—. No podía pasarme nada más ilusionante en mi día de expansión. Bueno Trini, pues vamos a por la sombrilla y luego cambio la rueda. No queda otra.

—No —me dijo ella tajantemente—, primero cambia la rueda. Después es peor, soluciona el problema ahora.

A sus órdenes.

Entonces me puse a pensar: «Vamos a ver, José Luis, tú eres un inútil total, pero no debes ponerte nervioso. El guardacoches está enclenque y enfermo, no puede ayudarte. El taxista estará ocupado, así que tienes que afrontar esto sin nervios, con tranquilidad, con mucha tranquilidad, técnica y arte».

Entonces abrí el capó, vi la rueda debajo de la toldilla del fondo. He de pensar que el gato hidráulico debe estar por ahí también. Y la manivela del gato y la llave para quitar tornillos. Jamás las he tocado, así que supone un misterio para mí.

—¡Albricias! Lo tenía todo.

No hay que desesperarse, por ahora vamos bien, ante todo mucha calma.

Ahora, sin levantar el coche, voy a procurar aflojar los tornillos de la rueda; para ello, coloco la llave. Como no tengo suficiente fuerza pues me subo encima de la llave y lógicamente con mi peso, no hay tornillo que se resista, para algo deben servir tantos kilos. Efectivamente, así ocurre. Hasta aquí, estoy muy sereno. Estoy descubriendo poco a poco que no soy un inútil. Me siento satisfecho.

Después pongo el elevador o gato hidráulico, coloco piedras en las ruedas para que desplace el coche y no bascule, con el gato inclinado. Y como el gato se clava en la arena, busco y encuentro la forma de que ello no ocurra, poniendo también una gran piedra fina y plana. Todo ello pausadamente, con autocontrol.

Paro unos segundos para limpiarme el sudor de la frente, lo cual realizo con gran parsimonia. Tengo las manos increíblemente sucias y procedo a lavármelas con una botella de agua y con limpiacristales. Todo ello con total naturalidad, si alguien me observa pensará que soy un profesional o un tipo acostumbrado a estos quehaceres. Levanto lateralmente el coche con gran serenidad, quito los tornillos y después la rueda. Me siento un fenómeno.

Pero la operación se complica al poner la nueva rueda en su sitio; ahora los tornillos con su rosca sobresalen del tambor del coche y he de hacer que los agujeritos de la llanta de rueda queden engarzados en los tornillos. Cosa que consigo hacer con cierta habilidad.

Parece un sueño, no me lo puedo creer. Llego a la conclusión de que soy inteligente.

Trini observa muy callada. Por su expresión creo que debe estar pensando si seré capaz o no de cambiar la rueda yo solo, si podremos volver hoy a casa, cuando en realidad no sé ni cómo se abre el capó delantero del coche. Al dedicarme a asuntos de otro tipo, me he convertido en un desastre en temas manuales, lo que se llama un manazas de primera. Normal, con el tamaño de mis manos no se podría decir de mí que fuese un «manitas», sería una paradoja sin sentido.

Me dispongo a bajar el coche elevado lateralmente, doy el último apretón a los tornillos, guardo todo en su sitio, me vuelvo a lavar las manos y admiro larga y atentamente mi gran obra de arte. Me alejo bastante del coche para observar mejor mi magnífico trabajo. Una lástima no haberlo grabado, mis hijos y mis hermanos no me creerán cuando lo cuente. Hoy por fin, he llegado a la cúspide de la habilidad. Sí, yo solito he cambiado la rueda al coche. Se me puede creer o no, pero así es. Hay testigos que lo pueden corroborar.

Después nos dirigimos a una tienda a comprar la sombrilla de playa. Para pasar solo un ratito, pues con tanta calma y parsimonia, se me ha ido casi toda la mañana.

—¿Cuál es su importe, señora? —pregunto yo.

—Son 15 euros.

Es barata, no es pequeña, pero sí muy cutre. Y le digo a la señora del súper:

—Señora, esto que le he comprado es muy barato, de esta manera usted nunca va ahorrar nada —le digo ello pues raramente pienso que volveré a ese lugar.

La señora quedó «desconcertá».

—Deme también unas pilas —solicité pensando en mi nuevo grabador—. Y unas nueces peladas que veo ahí, por favor.

Total: 21,30 euros.

Se las ofrezco amablemente a Trini que me contesta con cara de asco:

—Están «revenías», no me gustan nada.

Vaya por Dios. Esperemos que la sombrilla no lo esté.

Para quitarle el mal sabor de boca, le propongo que antes de meternos en la playa vayamos a tomarnos una cerveza fresquita o dos, con su tapa, en un merendero limpio. Hemos pasado mucho calor con el tema del cambio de rueda.

—Trini —le digo una vez sentados—, ya que tenemos mesa, ¿por qué no pedimos algo más y comemos ya?

—Es demasiado pronto, pero más vale así porque, con el tiempo perdido entre la rueda y la sombrilla, no nos queda tanto tiempo para disfrutar de la playa. Vamos a pedir algo rápido.

Tras tomarnos el exquisito pescado frito variado de Bolonia, nos fuimos a la playa.

Nuevo desafío. Por si era poco el cambio de rueda, ahora toca clavar la sombrilla en la arena, que es un tema delicado. Quizá esto ya sobrepase mi inteligencia.

Nunca olvidaré que hace años, cuando nuestro hijo Jose era un crío, en Torre del Mar, una sombrilla de algún veraneante salió volando. Jose tenía la mano sobre una silla y la sombrilla vino a clavarse en un lateral de su pequeña mano; pudo ser muy grave. Desde entonces les tengo respeto a las sombrillas playeras.

Como Trini es más hábil que yo, delego en ella. Clava el soporte en la arena, lo mueve y hace un hoyo con rapidez y desparpajo, como si lo hiciera todos los días de su vida; después me pide que lo clave yo sobre el fondo del hoyo, que está muy duro para ella. Lo hago lo mejor que puedo, no sin bastante esfuerzo.

—¡Pero no tanto! Si introduces tanto la sombrilla, no podrás abrirla, chocará con el suelo —me advierte.

«Nunca consigo contentarla», pienso yo, hincado torpemente en la arena. Después, ella rellena el hoyo y apretuja la arena. Obedezco sus órdenes, pensando que venir a la playa a descansar es muy cansado. Cuando soñaba en la oficina con las vacaciones, no me refería a hacer de mecánico, sombrillero o hamaquero.

Una vez terminada la maniobra, me tumbo bajo la sombrilla con gran dificultad para leer mi libro *Viaje por el problema agrario de La Janda (1882-1982)*. Me pongo a leerlo y me resulta soberbio, educativo, realista. La brisa del mar y la lectura del libro me animan; me siento a gusto y decido hacer algo que, para mí, supone una grandiosa novedad: dar un paseo descalzo por la playa, con los pies metidos en el agua, buscando referencias para no perderme y saber volver.

Al salir del espacio de confort de mi sombrilla barata y verme en bañador, siento una oleada de pudor, no estoy acostumbrado a estar con poca ropa delante de tanta gente. Pero me sobrepongo, saco pecho y me dirijo a la orilla.

La temperatura del agua cristalina en los pies es agradable, el paseo me está encantando y, además, no debo desentonar tanto, nadie me mira y la experiencia es una gozada. Pero como soy tan planificador y tan flojo, pronto llego a la conclusión de que hay que volver y abandonar semejante placer, porque si me canso yendo, no podré volver. Es un pensamiento matemático: para llegar cansado he de volverme cuando esté «medio cansado».

Entre la muchedumbre de bañistas, una señora justo delante de mí decide quitarse el bañador, se queda como vino al mundo y se tiende en la arena boca abajo. Para que no falte de nada en el día de hoy.

A los que somos niños de la postguerra, estas cosas nos chocan y nos ponen incómodos. Y más aún cuando lo que ves no es digamos un aparato genital «clásico», con una sola pieza de bello, sino tuneado y rasurado en dos partes pilosas, separadas y extrañas. ¡Qué tiempos! Y yo preocupándome por mi estética en bañador.

Iba caminando, pensando en lo que ha cambiado el planeta, cuando me di cuenta de que estaba desorientado en la arena.

Creía estar cerca del lugar donde estaba nuestra sombrilla, pero no la veía por ningún sitio.

Empiezo a inquietarme, no soy nadie sin el móvil y menos estando descalzo. Me siento como un pobre huérfano del mundo, rodeado de miles de personas desconocidas. Los nervios empezaban a aflorar y yo me decía que todo es cuestión de paciencia, que no cunda el pánico. Siempre hay una última solución: ¡esperar a que se haga de noche, la playa se quede vacía y solo quedemos Trini y yo!

A lo mejor está preocupada y piensa que me he ahogado, pero lo dudo, pues ella me conoce muy bien y sabe que no me suelo meter en el agua, y menos cuando está fresca, como hoy.

Camino perdido, desorientado. Comienzo a sentir más calor al separarme del agua y empiezo a agobiarme. No veo mi sombrilla nueva por ninguna parte. Me paro y oteo detenidamente el horizonte playero.

Estoy perdido... ¿Será el fin del mundo?

De pronto una voz malhumorada a mis pies dice:

—Jose, que estoy aquí, que me vas a pisar, hombre... He quitado la sombrilla porque sopla algo de viento y me da miedo.

—¡Y yo buscando desesperadamente la sombrilla!

—¡Qué cosas! Buscándome cuando me tienes desde hace un rato tumbada a tus pies. Deberías mirar hacia la arena.

—Oye —la interpelo—, es una hora estupenda para irse.

—Bueno —me contesta sin contradecirme siquiera.

Me extraña pues no hemos estado mucho rato y a ella le encanta la playa. Me hace pensar que me lleva la razón como a los tontos y punto.

—Vale, pero antes me gustaría visitar las ruinas romanas de Baelo Claudia. A ver si están en el mismo sitio.

Al menos, se ríe con mi comentario y secunda, animosa, mi propuesta. Al poco de entrar en las ruinas, nos sentimos infinitamente cansados, sin ganas de andar y como ya conocemos las ruinas y también nos conocemos el uno al otro, enseguida decidimos conformarnos con visitar el museo donde yo, por supuesto, compro un libro sobre las excavaciones.

Ha sido un buen día a pesar de haber perdido la mitad de él con el bricolaje mecánico. La magia de Bolonia persiste y relaja. Los romanos demostraron tener buen gusto cuando decidieron asentarse en este espléndido enclave. Un lugar para volver, una y mil veces. Con sombrilla y las ruedas bien infladas.

# 20. UN DÍA PERDIDO

No sé decir que no, y eso es un defecto. Me llamó aquel empresario zaragozano diciéndome que venía por Andalucía, cosa que me sonó rara, comentando su gran interés en verme. Me disculpo por estar de vacaciones en Barbate, pero vuelve a llamar e insiste, diciéndome que él se desplazará hasta donde haga falta. Total que, para ahorrarle camino, quedamos en el Hotel Jerez, en Jerez de la Frontera. Me voy con tiempo suficiente para hacer esas paradas contemplativas paisajísticas que a mí me agradan y porque, además, ya el día lo tengo roto por la dichosa reunión, que espero que al menos merezca la pena.

Bueno, la verdad es que también he salido temprano de casa porque hoy ha venido una señora a limpiar el apartamento y como es tan pequeño, pues Trini, la señora de la limpieza y yo no cabemos.

La señora se llama Altura, dice que nuestro apartamento es el más bonito del bloque, así que no quiero pensar cómo serán los demás. Reflexiono sobre su nombre, probablemente sea Artura, si es que existe, porque, desde luego, no he oído nunca que nadie se llame Altura.

Estaba citado en Jerez a las 20:30. Tengo todo el día por delante para pasear. Me tomo un zumo en una cafetería del paseo marítimo en Barbate, esperando treinta minutos a que el camarero venga a mi mesa, pero ahora no me importa, no tengo prisa; tomo asiento muy alejado de la mesa, que está colmatada de vasos sucios de un batallón que habrá estado allí desayunando antes. ¡Qué desastre!

—Dale, dale fuerte con la bayeta a la mesa —le digo al camarero una vez la deja sin chismes. Pero no le es fácil llevar a cabo la tarea; han derramado líquidos, dejado migas de pan, zumos y alimentos marraneados dispersos para gozo y placer de la fauna bacteriana, que estará allí haciendo su agosto, nunca mejor dicho.

Veo pasar a Mari Ángeles, la pintora cordobesa, que me da un abrazo diciéndome:—Me encantó el libro, eres un artista.

—Lo sé —le contesto presuntuosamente, animado con ese espontáneo abrazo, que es el mejor saludo del mundo.

Diviso unos periódicos, cojo el *ABC* y lo primero que encuentro en la página por la que está abierto es un absurdo comentario: que en Pakistán está prohibido que las señoras compren pepinos en los mercados. Menuda burrada.

Pero el mal humor se convierte en tristeza al mirar los titulares y encontrar la terrible tragedia en Madrid, con el accidente de avión y 153 muertos del avión de Spanair. Pienso en las pobres víctimas y sus familias; hace muy poco, yo mismo viajé en uno de ellos. La vida es una lotería. Realmente las compañías de vuelos baratos me asustan. Tantas horas de vuelo al día, día tras día, no puede ser nada bueno. Por muchas revisiones que tengan los aparatos, no dejan de ser motores y mecanismos y es probable que, con estos esfuerzos, aumente el peligro. Terrible desgracia. No puedo evitar pensar en el pánico de los pasajeros en los últimos segundos de su vida, que imagino porque yo he experimentado varios sustos muy fuertes en aviones, donde me he despedido del mundo, del que por suerte no acabé de marcharme. Podría escribir bastante al respecto.

Antes de salir hacia Jerez, lleno el depósito del coche en Barbate, porque en estos días de vacaciones se forman inmensas colas en las gasolineras. Cuando acabo de repostar y antes de pagar, adelanto educadamente mi coche para que el siguiente cliente que espera no pierda tiempo haciendo cola, como yo he hecho este verano. Me he vuelto solidario después de ese atracón veraniego de colas.

Me dirijo tranquilamente a Jerez, y sobre la marcha me acerco a una gran superficie cercana que encuentro a mi paso. Aparco allí, sin intención de comprar, solo de ver. Y lo que encuentro no me agrada, es una atmósfera cargada, en temporada alta de ventas. Son las nueve de la mañana y ya está abierto, con bastante gente pululando.

Es complicado describir el olor, es un olor agrio debido al recalentamiento nocturno, todo cerrado y posiblemente sin aire acondicionado durante la noche. La mezcla de humanidad del día anterior, con falta de ventilación, calor nocturno y frutas recalentadas es repulsiva.

Esta complejidad florística se adereza con carnes, embutidos, quesos. Todo ello unido a un efecto audiovisual de innumerables artículos juntos y demasiadas personas forman un paisaje nada acogedor ni atractivo, bajo mi punto de vista. No entiendo cómo tanta gente lo visita. Todo muy práctico, sí. Pero yo prefiero el pequeño comercio. El ruido de fondo, para colmo, es ensordecedor y desagradable.

A la llegada a Jerez, decido acercarme al lugar donde estuvo el centro de abonos líquidos de Amoniaco Español, que tantos recuerdos me trae por las continuas visitas realizadas por asuntos de trabajo, y me llevé una sorpresa. Ya no queda allí absolutamente nada; estaba junto a la línea de ferrocarril y un paso a nivel, ahora encuentro en ese lugar un paso elevado. Jerez se ha extendido por esa zona, no quedando el más mínimo vestigio de las instalaciones donde tantos camiones de abonos líquidos entraron y salieron cada día; si logro ubicarlo, es porque estaba junto a Ramos Catalina S. A., el almacén de bricolaje. Es impresionante cómo se ha barrido todo lo antiguo y se ha implementado lo nuevo.

No somos nada y si lo somos, pues dentro de poco no lo seremos.

En esto, ya estando en Jerez, me llama el empresario zaragozano diciendo que llegará muy tarde, está en Granada y acaba de salir en ese momento. Me enfado un poco, más bien bastante, y le digo que ya nos veremos en otra ocasión, preguntándole agriamente por qué no ha avisado antes.

Insiste en vernos, aunque sea esta noche. Intento renunciar, estoy cansado, esperar en Jerez tantas horas no me apetece en absoluto. Total, cedo ante tanta petición de perdón; quedamos en La Barca de Vejer, en Casa Pinto, por la noche. Faltan aún muchas horas para ello.

Este cambio de hora me obliga a volver a Barbate y buscar aparcamiento a estas horas lo cual, en pleno agosto, es algo verdaderamente complicado. Antes de entrar en mi bloque hay una cancela, y no puedo abrirla con la llave de siempre. Lo intento y no atino... Hasta que me doy cuenta de que me he equivocado de bloque y me he metido en el de al lado. Me siento contrariado y confuso, todo esto me pasa por no saber decir que no. Recuerdo mi propósito de mantener mis prioridades, pero en esta ocasión me he dejado embaucar por un desconocido. Espero al menos que su propuesta sea interesante y la reunión nocturna merezca la pena.

De nuevo en Barbate, consigo aparcar junto a un enorme cartel de «Rehabilitación de la lonja de pescado». Un éxito.

Me fijo en él, pensando que no sé por qué han puesto la palabra «rehabilitación» si la realidad es que la han tirado entera y están haciendo una nueva, exactamente igual que la anterior, pero sin rehabilitar nada. Rehabilitar, es habilitar lo existente. Están clavando unos pilares en el firme, al menos de medio metro cuadrado de sección y gran altura. Los clavan en el suelo como si fueran puntillas, dando golpes arriba con una máquina.

Me parece una salvajada, con los golpes ensordecedores vibra el suelo de la calle entera y el de las edificaciones próximas también, supongo.

En ese inoportuno momento, con todos esos ruidos, mi hija me telefonea diciendo:

—Te llamo para recordarte que mañana es el cumpleaños de mamá. Te lo digo porque tú eres muy despistado.

Le agradezco infinitamente su llamada; qué bien me conoce. Esta niña está en todo.

En cuanto llego a casa, comienzo a sondear a Trini, aunque no sé cómo abordar el tema del regalo, no tengo mano para estas cosas:

—¿Cuántos años llevamos viniendo aquí?

—Aproximadamente, unos diecinueve años.

—¿Cómo lo sabes? —pregunto yo.

—Porque Ana, la hija de Andrés y Marisa, nació cuando vinimos la primera vez. La he visto hace unos días y ya es una mujer, me ha dicho que tiene diecinueve años.

—Puede que se haya quitado algún año.

Trini tiene mucha habilidad para relacionarse y habla con todo el mundo. En Barbate es muy querida. Yo más bien me dedico a leer y escribir y paso mucho menos tiempo que ella aquí. Una vez entrados en conversación, voy al grano, no sé si con la sutilidad necesaria:

—Mañana es tu cumpleaños... No pienses que lo he olvidado. ¿Qué quieres que te regale?

—Dinero —me contesta ella con rapidez (es sumamente práctica)—. Tengo de todo, no necesito nada y el dinero siempre viene bien.

Problema solucionado.

Después voy a la cena con el señor de Zaragoza, que es tardísimo y lejos, a las once de la noche en La Barca de Vejer. Un verdadero despropósito esta jornada cambiando de población y perdiendo un magnífico día. Evidentemente llego tarde para hacerle esperar un poco a él también. Amablemente, me dice que yo pida. Así lo hago y sin dudar peticiono ortigas, jamón para picar y ventresca a la plancha, todo «exquisiteces» de las más caras. Lógicamente pagará él, que tanto ha insistido. Con la faena que me ha hecho y siendo la reunión iniciativa suya, qué menos. Viene con otro acompañante.

—¿Cuántos años llevas en los fertilizantes, José Luis? —me pregunta nada más acomodarnos.

—Pues mira, empecé con veintiuno, tengo sesenta y cuatro, así que cuarenta y tres años que han pasado volando, muy rápidamente... No es normal que una persona pase tantos años en el sector y todavía no me he marchado del mismo. No sé si es tema para el libro *Guinness de los Récords*.

En fin, me presenta la propuesta de un negocio que no vi lógico ni real y que rehuí; no fui capaz de ver la película que me contaba, algo no me cuadraba. Y con el tiempo, me di cuenta de que había sido lo más acertado.

Ha sido un día perdido, un día desperdiciado de mis vacaciones, pero quizás hubiera perdido mucho más tiempo y energía aceptando esa propuesta.

Todo ello no me hubiera pasado si hubiera pronunciado en el momento de la primera llamada que este señor me hizo una sola palabra con dos letras: no. Ese fue mi primer pensamiento: hay que hacerle caso al cerebro propio y no a la petición de un desconocido, máxime estando de vacaciones. Procuraré ser más firme en futuras situaciones similares.

Va a resultar que, en el fondo, este verano voy a sacar buenas conclusiones y pautas para el futuro. Me propongo tener más asertividad y no dejarme llevar tanto por los demás. Tengo que conocerme más a mí mismo. El absurdo día de hoy me ayuda en estas decisiones.

Reflexiono sobre el crucero y sus inconvenientes. Confieso que no me gusta viajar y lo que tenía que ver, ya lo he visto... y sobradamente. Diría incluso que he viajado demasiado. Yo lo que deseo verdaderamente es frecuentar Antequera, pasar allí todo el tiempo posible y, en el futuro, compartirla con otra parte del año en Barbate, dar nuestros paseos y escapadas para tomar algo y que nos dé el aire. No necesito nada más, aparte de leer y seguir escribiendo que, no sé por qué, es en realidad una necesidad y una terapia para mí. Estando entre Antequera y Barbate, con estas actividades y Trini a mi lado, ya no necesito más, solo la compañía y apoyo de las personas prioritarias para mí: mis hijos, nietos y hermanos, obviamente.

En los viajes de trabajo por el extranjero y nacionales, por lo general he sufrido mucho por la tensión de tantas horas de lucha, de reuniones, de aviones, de malos ratos... Sería para escribir al menos otro libro, pero no os preocupéis, no lo voy a hacer.

Me ocurre lo mismo respecto a los restaurantes, este verano acabo de cumplir sesenta y cuatro años y llevo ya cuarenta y tres de ellos trabajando ininterrumpidamente. Sin caer en exageraciones, al comer siempre fuera de casa, considero que hago de media unas 150 comidas de trabajo como mínimo al año, con lo cual he almorzado unas 6300 veces en restaurantes. Es demasiado, tengo claro que con una vez al mes o dos tenía sobrado.

A mí lo que me ilusiona es hacer escapadas cortas y confortables, pasar los fines de semana en los infinitos rincones de los pueblos de mi Andalucía, disfrutar de la comida en los mesones y sitios típicos informales, castizos, tradicionales. Antepongo una simple cerveza con una ración casera de algo al más opíparo de los festines. Y dejo que elija Trini, porque ella come poquísimo, por lo que, en un plato compartido, siempre salgo ganando.

Cada día se viaja más en nuestro planeta, y aumenta el interés por las comidas fuera de casa. No se me interprete como un bicho raro que va contracorriente, aunque un poco extraño sí que soy. Comprendo que la mayoría de personas que tienen un trabajo rutinario y no salen de su entorno, se sientan deseosas de cambiar de aires y viajar, pero no es mi caso. Así que procuraré vivir el resto de mi vida, que espero que sea larga, según mis gustos, cada vez más, mientras tenga salud. Viajaré poco y escribiré mucho.

Otro tema que llevo mal es el de las bodas. Se alargan muchísimo, hay que ponerse en «modo simpático», hacer un regalo. Después te ponen canapés y canapés y cuando te sientas a comer, resulta que ya has comido, y esperas sin ganas que te sirvan platos y platos, cuatro o cinco horas. Cuando te llegan, a veces ya es la hora de merendar y no tienes ganas. Pero por educación hay que aguantar hasta que te pongan el postre, con una sonrisa obligatoria y con muchas ganas de levantarte. Al igual que con los viajes y las comidas, creo que el problema lo tengo yo, que ya he ido a demasiadas bodas.

Yo les diría a los futuros novios: «Si nos invitáis, os diremos que, por supuesto, encantados y agradecidos nos pondremos el traje de los domingos como se decía antes, que suele ser además el más incómodo, haremos nuestro regalo procurando no pecar de tacaños y lo haremos siempre en dinero, pues nos consta que a los novios de hoy en día les sobran los cachivaches. Procuraremos ser puntuales y hasta simpáticos, lo cual para mi mujer es fácil, a mí me cuesta más trabajo ser simpático».

Entonces mi pregunta es: ¿por qué se nos maltrata haciéndonos ingerir tantos canapés, manteniendo a personas de cierta edad tanto tiempo de pie y después largo tiempo sentados? Supongo que no tienen por qué ser tan largas las ceremonias y celebraciones, y que existirán otras alternativas de bodas en las que los novios puedan integrar a invitados de todas las edades, sin olvidar que, si los niños necesitan un espacio para expandirse y jugar, igualmente los que tenemos limitaciones deberíamos disponer de otros medios que eviten que nuestras dolencias empeoren. Así, todos estaríamos más contentos.

Este largo día llega a su fin sin haber llegado a ningún acuerdo de negocio con el zaragozano. Aprendí que la palabra negocio es una palabra compuesta, «no-ocio», y que la palabra paciencia es compuesta de «paz+ciencia». Pues mi infinita paciencia durante este día me ha hecho rechazar un negocio que no me traería paz, seguramente.

# 21. CUMPLEAÑOS DE TRINI

La mañana del 22 de agosto lo primero que hago es felicitar a mi mujer afectuosamente. Ella se pone muy contenta porque este año no se me ha olvidado. Me toca callar de nuevo; voy a quedar fatal si le digo que lo sé porque Eva me llamó ayer para recordármelo.

Inmediatamente después, me lanzo al frigorífico y le digo, en un tono bastante diferente:

—¿Pero qué es esto? El frigorífico está vacío, pelado.

—Claro, nos vamos pronto y no debe quedar nada que se estropee.

En vista de lo cual, propongo pasar el día fuera. Así lo hacemos, pero antes decidimos pasarnos por la subasta pública de pescado y después almorzar por ahí.

De camino, Trini me comenta que nuestra vecina Araceli, ya jubilada, está estudiando ahora Periodismo. Va a la Universidad de Sevilla cada tarde, desde las tres a las nueve de la noche. Tiene mucho mérito.

Eso me recuerda que mi hijo Jose quiso estudiar Periodismo cuando era muy joven. Le recuerdo a mi mujer aquella situación, y sale a colación un comentario mío de la época. En aquellos años no era posible cursar esa carrera en Sevilla y fue a examinarse para el ingreso en Pamplona. Le suspendieron.

—¿Qué te ha pasado? —le pregunté yo.

—Papá, la mayoría de las preguntas eran de religión y eso no es mi fuerte.

Entonces empezó a estudiar Filología Inglesa, pero es una carrera que desde el inicio no le llenaba.

—Hijo —me atreví a decirle un buen día—, estoy seguro de que nunca tendrás problemas de trabajo.

—¿Por qué me dices eso?

—Porque llevas un ritmo de estudios tan lento que cuando los termines, irás a la jubilación directamente.

Mi frase sentó muy mal, y no la olvidan. En aquel momento, Trini me tachó de que «tenía mala sombra y era un "singracia"», cosa que no quiero recordarle el día de su cumpleaños. Realmente Jose es aplicado, creativo y muy responsable, ha sabido combinar siempre sus estudios con diferentes trabajos. Estuvo de locutor en varias emisoras; en la Expo 92 como jefe de puertas; también trabajó más tarde en Isla Mágica; fue subgerente de Cines Warner en Sevilla; gerente de Cines Warner en Barcelona; en fin, se ha buscado la vida teniendo buenos puestos de trabajo en momentos difíciles, hasta establecerse con su propia empresa.

La expresión «singracia», era lo máximo que utilizaba mi madre, toda dulzura, cuando alguno de nosotros decíamos una frase inoportuna y quería meternos por vereda. En Granada a ello se llama «mala follá». Ejemplo de esta:

—Jose, hoy es mi cumpleaños, ¿qué me vas a comprar?

A lo que Jose contesta:

—Ah, no sé. Dime lo que vendes.

Pasamos un rato tranquilos paseando y nos inclinamos por celebrar este día con un buen almuerzo en Caños de Meca, pasando antes por la subasta de pescado en el puerto de Barbate, como teníamos previsto. Nos llevamos un chasco: ya no es pública. Un guarda de seguridad nos prohíbe la entrada. Hemos estado haciendo hora para venir y ahora resulta que está prohibido; es una lástima que en lugar de potenciar las bonitas subastas para el turismo, las oculten.

Me comentan que a las siete de la tarde es la subasta de las «vacas» y que esta sí es pública. Las vacas en este caso no son animales mamíferos, sino los barcos de arrastre, ese arte de pesca tan discutido por arrasar el fondo marino con todo lo que encuentra a su paso.

Aprovechamos para comprar varias cosas en la tienda del puerto, entre ellas melva en lata de As de Oros. Le pregunto a la señorita que nos atiende qué es lo que a ella le gusta más, de la tienda... evidentemente. Ella me responde que lo más caro son las huevas de atún de almadraba de este año, pero lo que personalmente le encanta es la mojama.

—Soy una auténtica «mojamera» —añadió.

Yo prefiero la ventresca de atún, muy sabrosa, a la plancha. Es la parte del atún con más grasa. Acompañada de vino tinto de añada, o vino joven, es para volar sin alas, maravillosa.

Un viejo que nos oye nos dice:

—La ventresca es lo mejor y, además, «encarajona».

—¿Qué quiere decir eso? —le pregunto.

—Pues que con un par de cervezas y ventresca, que te saben a gloria, pues uno se «encarajona».

Me quedo igual, claro. Luego nos explica que «encarajonar» es estar a gusto. Ya he aprendido un vocablo barbateño más.

También nos comentan que los barcos de Larache salen a las ocho de la tarde y vuelven a las once de la mañana con los boquerones. Muy poco tiempo. Casi increíble.

—Sí —me aclara un señor—, es que no es como antes, ahora son muy rápidos. Suelen traer quinientas cajas de unos 10 kilos: 70 euros la caja de boquerones.

Compré boquerones que llaman «anchovados» metidos en un bote con sal. Para comerlos hay que lavarlos y quitarles la sal, sacar la piel, las tripas y la cabeza.

Vamos al restaurante El Palmar; allí tiene un piso un buen amigo y maestro, José Manuel Durán Gallardo, almacenista de abonos y ganadero de Vejer. Comemos en un merendero muy bonito, fresco, de techos altos. Lo pasamos de lujo, como diría mi hijo David.

A la vuelta, asistimos a la subasta de las «vacas» en el puerto, que ya tampoco tiene el sabor popular y castizo de antes, y nos sentimos decepcionados a causa de este cambio, pues nada más acceder a la lonja nos encontramos con un inmenso panel electrónico y mandos a distancia; en mi ausencia la habían automatizado. Cada comprador va equipado con uno de esos mandos, y el primero que pulse el botón, se lleva la mercancía. Todo electrónico, rápido y silencioso, demasiado aséptico. Abrumadora tecnología, cuántas tradiciones rompe. Me gusta más lo tradicional. La dichosa tecnología aplasta las tradiciones.

Trini asegura estar de acuerdo conmigo y me recuerda que ya no uso nunca la máquina de fotos tradicional, animándome a volver a mis raíces fotográficas, y tiene razón. Me encantaba la fotografía e incluso revelaba yo mismo nuestras fotos.

Volvemos al apartamento y suena el timbre, cosa rara. Extrañados, abrimos la puerta y nos encontramos con la sorpresa de ver allí a mi hija Eva, que ha venido desde Sevilla a felicitar a su madre en su cumpleaños. Tras los saludos y abrazos, de los que esta familia unida no prescinde, pasamos los tres juntos un buen rato de conversación, que había quedado pendiente desde el crucero, y salen las dos a pasear.

Presiento que quieren estar solas y me quedo escribiendo y reflexionando. La vida es una sucesión de sucesos, algunos son sucesos agradables y otros no. La visita de un hijo es siempre el mejor de los sucesos.

Por la noche, subimos a la terraza del bloque a ver la bahía, el paseo marítimo, el puerto, las luces y las estrellas. A despedirnos de este incomparable rincón que tanta paz nos reporta, y recuperar las conversaciones que en el barco, con tantos imprevistos, no tuve con mi hija Eva, y que me sientan tan maravillosamente bien.

# 22. FIN DE LAS VACACIONES

Llegó el momento de incorporarse a la rutina. Recogemos el apartamento y hacemos las maletas, cuando viene a despedirse nuestra vecina Araceli. Ella tiene un libro que le he prestado, *Viaje por el problema agrario de La Janda (1882-1982)*. Tengo fama de generoso y desprendido, pero odio perder un libro, así que le recuerdo a mi amiga, con toda la confianza que nos une, que es un libro que no quiero perder y se queda muy cortada; va enseguida a recogerlo, pero no puede entrar a su vivienda pues su hija ha salido con las llaves.

—No te preocupes, ya me lo devolverás —le digo .

Pero ella ya está hablando con su hija, que se encuentra paseando en la otra punta del paseo marítimo.

—Por favor, no la hagas venir. No tenía que haberte dicho nada.

—Sí, sí. Es un libro que se le toma cariño, no es un libro cualquiera y no puedes perderlo.

Aparece la hija sofocada. Ha venido muy deprisa.

—Vengo casi a la carrera —dice.

Me cuenta que conoce a José Luis Gutiérrez Molina, uno de los autores, y se ofrece a presentármelo. Le doy mi correo electrónico y quedamos en que un día iré a Sevilla. Ahora me alegro de haber insistido en recuperar mi libro. Me daba apuro hacerlo, pero si no, esta conversación quizás no hubiera surgido nunca, y conocer personalmente a este autor es una estupenda oportunidad que me ilusiona.

Se acerca también Carmen Vergara con su hija, que están pasando las vacaciones en su apartamento, muy cerca del nuestro. Ambas muy bellas. Los vecinos del bloque son amigos de toda la vida en su mayoría, una pequeña familia bien avenida a la que aprecio profundamente, pero le tengo un especial cariño y admiración a Carmen Vergara, mayor que nosotros, pero con una fuerza vital increíble que para mí la quisiera.

—¡Oh! Tenéis las maletas hechas. Es mal momento, nos vamos. Buen viaje.

—No, claro que no. Pasad, por favor.

La veo titubeante, pero lo arreglo acercándome y dándole un fuerte abrazo espontáneo para hacerle llegar mis sentimientos. Ella me mira y me dice:

—Tengo una propuesta para ti, José Luis: si en las próximas vacaciones bajas a la playa con nosotras, podrás escuchar las tertulias que mantenemos y escribir un libro titulado *Tertulias en la playa de Barbate*.

—De acuerdo —le respondo—. El día en que quiten la arena de la playa, pongan ladrillos, techo y aire acondicionado, me avisas e iré. Lo prometo.

Nos despedimos con tristeza, cerramos el apartamento y con él, las vacaciones de 2008. El tiempo se nos pasa en un suspiro cuando estamos aquí, echaremos de menos el buen ambiente de Barbate y su agradable gente.

Camino de Antequera, miro de reojo a mi mujer, que está muy callada. Se me ocurre una de las mías para distraerla, pues parece un poco decaída y sin ganas de hablar. Le comento que me gustaría instalar una sauna en calle Merecillas. Ella me responde rápidamente:

—Es una chorrada, después no se usa salvo para meter las fregonas. Requiere sitio, potencia eléctrica, inversión... Olvídate.

Paso a otro tema.

—He pensado que me gustaría dividir las antiguas «cámaras» de la casa de Antequera. Sería muy práctico cuando vinieran de visita los hijos y los nietos.

—Jose, eso vale un dineral y no merece la pena, ellos vienen en pocas ocasiones. Olvídate de obras, por favor.

—Bueno. Pero, al menos, deberíamos cubrir la parte de la terraza alta.

—¡Qué tontería! El toldo volará con el aire, y no subimos nunca. Es dinero tirado, porque no la utilizamos. La casa está bien como está, no hay que hacerle nada más. En todo caso, si quieres puedes cerrar la parte alta de las escaleras con una cristalera para que esté más resguardada de los fríos.

—Me alegra mucho que te hayas negado a todas mis propuestas. En un solo día, me siento como si acabara de ahorrar seis o siete millones de las antiguas pesetas, que es lo que hubiera costado llevar a cabo todos esos proyectos. Sin saberlo, me has hecho un gran favor. ¡Gracias!

Me mira con desconcierto, no entiende mi estratagema, así que le presento un nuevo plan:

—Tengo una propuesta: vamos a hacer estos días lo que realmente nos guste, son nuestros últimos días de vacaciones.

—Vale. Una buenísima idea, por fin. —Su voz se anima—. Pero ¿qué es lo que a ti gusta?

Sonrío y me callo, pero pienso que me gusta, sobre todo, ella. Por supuesto. ¡Qué cosas pregunta esta mujer, después de tantos años!

Me cuestiono si se aburrirá conmigo. Llevo una vida un tanto alterada y no soy muy divertido. No serviría para un equipo de animación, desanimaría a todos. Creo que sí soy un magnífico aburridor. Espero que Trini nunca se canse de mí.

Con estas cosas, el tiempo del viaje se nos ha pasado volando. Hacemos una larga parada de descanso en Polanco para descansar, llegando a Antequera de madrugada.

El domingo, día de la clausura de los Juegos Olímpicos, me telefonea mi hermano Antonio, me comenta que está solo en Antequera pues vino de Fuengirola para asistir a los toros, pero al final se ha quedado unos días por motivos profesionales. Le animamos a venir a vernos un rato a la casa de la calle Merecillas.

Trini ha puesto cerveza en el congelador y, por supuesto, vino, manzanilla Soleá, una de las bebidas favoritas de mi hermano. Entra en la casa bronceado, alegre, con una enorme sonrisa y un humor estupendo. Nos fundimos en un abrazo interminable. Esos abrazos que me enseñó a dar, afortunadamente, mi hermana Mely. Antes, yo me quedaba rígido cuando se me acercaban, con ella he aprendido a abandonarme y fusionarme con el cariño de los demás. Es fantástico. Casi todo se puede arreglar con un buen abrazo.

Lo pasamos en grande. Nos llevamos mejor que bien todos los hermanos. Cuando estamos juntos, ya no necesitamos nada más para ser felices. Y si él invita, se ocupa siempre de que «no falte ni gloria».

Estuvimos los tres encantados, muy bien, muy bien, riéndonos a tope hasta las seis de la tarde, con nuestras bromas y recuerdos de siempre, en nuestra casa de siempre. En la casa de todos, la Casa Grande. Nos despedimos antes de lo que quisiéramos, el cuerpo nos pedía continuar juntos hasta las tantas de la madrugada, pero esa noche era necesario volver a Albolote.

Ha sido una inesperada y grata despedida del verano, ese broche final de conversación distendida, risas y cariño que caracteriza todos y cada uno de los encuentros con mi querido hermano mayor. Y regada con Soleá. ¡Por supuesto!

***Señores viajeros, hemos llegado al final del recorrido veraniego.*** *Por el momento.*

# 23. EPÍLOGO

Estamos en la terrible crisis de 2008; el panorama del futuro es desolador, muchas empresas caerán. Haré todo lo que esté en mis manos para que se salve la empresa en la que trabajo, como pienso que intentaremos todos y cada uno de nosotros.

Cuando llegan las vacaciones se rompe el ritmo, y el resultado de disfrutarlas es que cuando te empiezas a adaptar, ya están terminando.

He llegado a la conclusión de que quizás me guste más anhelar y soñar las vacaciones que realmente vivirlas.

El deseado verano ha concluido, y con él, se evaporó la ilusión que pusimos en esa travesía para celebrar nuestro cuarenta aniversario de bodas. Pero el balance de esta singladura hubiera valido la pena solo por la magnífica convivencia de las doce personas que formamos el grupo; ha sido toda una experiencia de solidaridad y cariño. Lo único que siento en este momento, es que se me escapó otro verano sin estar apenas en Antequera; todo el tiempo pasado en esta ciudad, siempre me parece poco.

La vuelta al trabajo está próxima y, en cierto modo, la deseo a pesar de los inconvenientes de la crisis. Reconozco que paso muchos momentos de incertidumbre y angustia, pero están compensados con los logros y avances laborales.

Paso demasiadas horas entre oficina y viajes. Horas y horas de tensión, de anhelos y planes, descansando escasamente.

La consecuencia de tantas horas de trabajo se traduce en piernas pesadas, falta total de ejercicio, cansancio continuo.

Es un peaje demasiado caro porque va en contra de mi propia salud. Algo que debo remediar en algún momento; mi jubilación llegará algún día y con ella, supongo que tendré más tiempo para cuidarme.

Pienso en todo lo que me pierdo por falta de tiempo. Desde niño he ido andando por el mundo, conociendo personas y viendo los rostros de mucha gente a la que no frecuento. Pero ahora esos rostros se me difuminan, a veces devuelvo el saludo a personas a las que en realidad no reconozco, también en parte por mi habitual despiste. Se precisa paz y tiempo libre para ordenar esas caras, identificar a esas personas, para poder retomar la relación con ellas, ponerles nombres. Para explorar el día a día, sin tensiones laborales que te impiden mirar tu interior, y reflexionar sobre tu entorno, como me indicó mi hermano Juan Carlos en aquel bautizo. Te haré caso, querido hermano. Estoy «encajonado», pero saldré del cajón como tú me has aconsejado.

La vida es muy bonita, siempre que queramos verla bonita. Pero la belleza de la vida la encontramos sobre todo en la calidez de la familia, de los hijos, los nietos, los hermanos, la familia política, los buenos amigos, e incluso en el interior de uno mismo. Y lo malo de ella es que, irremediablemente, al final se acaba.

Sigamos adelante mientras el cuerpo aguante. No sirve de nada agobiarse. Además, afronto el futuro con las ideas más claras, gracias al bagaje acumulado en este periplo tan accidentado pero enriquecedor, tanto personal como familiarmente. Todos hemos aprendido lecciones de vida, cada día.

Mi madre decía cuando yo era joven y me veía preocupado: «¿Por qué te preocupas? Si tú y tu familia tenéis salud, un techo para dormir y algo para comer, no te falta de nada. Todo tiene arreglo menos la muerte».

He procurado utilizar en mi escrito lo que yo llamo «estilo hiperrealista», es decir, la verdad real al detalle. Si no gusta, lo siento mucho. ¡Qué le vamos a hacer! Al menos, yo he disfrutado reescribiéndolo y resumiéndolo.

Me ha hecho revivir el agitado periplo hasta la bella **Venecia**... Pero también estos días en **Antequera**, la tierra de donde soy, donde nacieron mis ancestros y los de Trini.

Al mismo tiempo, adoro **Barbate**, sitio de paz, donde soy feliz solo mirando el mar desde la ventana.

***Antequera, Venecia con sus canales y Barbate: tres amores en el verano de 2008.***

# Nota del autor

*Comencé este relato en 2008, y lo retomo para realizar su revisión doce años después, en septiembre de 2020, estando en Barbate, dando por finalizada la misma a final de febrero de 2021. Todo aquello que aparece en cursiva en el libro corresponde a dicho período de revisión, que hemos llevado a cabo con la ayuda de mi mánager María José Ruiz y de M.ª Teresa, mi hermana pequeña, quien, aunque ya no lo es, seguirá siendo la benjamina de la casa, eternamente.*

*Los inicios de este relato tuvieron lugar en un momento de honda preocupación por la crisis, y lo retomo casualmente en otro terrible año, que me deja el corazón desgarrado por la pérdida de dos hermanos. Si bien sus vidas se iban apagando por sus respectivas enfermedades, ambas ausencias nos dejan un enorme y doble vacío. Quienes les conocíamos, tenemos sobrados motivos y miles de buenos recuerdos para no olvidarlos jamás.*

*A la hora de comenzar su edición, seguimos inmersos en un problema muchísimo más grave, una situación que en 2008 no podíamos ni imaginar: la dichosa pandemia de COVID-19, que se ha cobrado una alta e impagable factura en vidas humanas, y que nos tiene aterrados, aislados en casa desde hace un año, sin verle el fin. Este problema sanitario sin precedentes nos arrastra sin remedio hacia una crisis económica incomparablemente mayor que la anterior.*

*Redacto estas últimas líneas a petición de mi hermana M.ª Teresa, en un día en que me siento desconsolado por una nueva pérdida, la de mi amiga Carmen Vergara, a la que cité en el capítulo 22, donde hablaba del cariño y admiración que le profeso. Allí hemos veraneado juntos desde hace muchos años, compartiendo buenos ratos, y no volveremos a encontrarnos porque se la ha llevado el maldito coronavirus. La echaremos de menos.*

*Desde que regresé en septiembre pasado de Barbate a Antequera, han transcurrido unos cinco meses en los que solamente me he atrevido a hacer pequeñas salidas con prudencia, pasando la mayor parte del tiempo dentro de esta cárcel moderna sin murallas ni carceleros en la puerta, que tiene nombres nuevos como «estado de alarma», «confinamiento» o «cierre perimetral», recluido en la biblioteca, rodeado de botes de gel hidroalcohólico por todos lados, reflexionando sobre la vida y el cambio que hemos experimentado todos en este periodo de tiempo.*

*Desde la perspectiva del momento actual, aquellas incomodidades de las que nos quejábamos en el crucero se convierten en nimiedades, en una mera anécdota. Al releer este relato aprecio más que nunca la cantidad de abrazos reparadores que nos dábamos, abrazos que valoro más que nunca ahora que nos faltan, pues todo lo más que hoy podemos darnos es algo tan desagradable como un codazo.*

*Todos anhelamos la libertad con que hemos vivido siempre, que nos permitía poder tomar un tren, un avión, hacer simplemente una pequeña excursión en coche a otra provincia o comunidad. Lo que yo llamé en su día el Crucero de los Horrores, me parece un grato recuerdo de tiempos idílicos y lejanos, que ignoramos cuándo podremos recobrar. Hoy por hoy, no podríamos siquiera plantearnos una simple reunión de todas las personas que formaban aquel formidable grupo de doce, ni asistir a restaurantes, ni fiestas en ningún crucero. De hecho, apenas nos atrevemos siquiera a tener un encuentro ni con nuestros propios hijos.*

*Releo un capítulo en el que mi hijo David prohíbe a los camareros del crucero que entren con mascarilla al camarote donde guardaban cuarentena por varicela, porque las niñas se asustaban. La situación se nos asemejaba horrible, sin sospechar que aparecería un extraño y contagioso coronavirus que infundiría pavor en todo el planeta, obligándonos a llevarlas a todos, a pesar de las incomodidades que presentan.*

*El tema de las mascarillas es más complicado cuando se padece hipoacusia, como es mi caso, pues es imposible colgarme de las orejas tantas cosas: audífonos, mascarilla y gafas. Se forma un lío tremendo ya que las orejas humanas no están preparadas para ello. Así que acabo quitándome las gafas, que ya necesito usar, convirtiéndome también en cegato. Últimamente, en mi mascarilla he incorporado un artilugio más, un soporte de plástico que me es indispensable para tener las orejas más libres.*

*Estar sordo es un gran inconveniente, no solo para la comunicación. Como ejemplo, este hecho real que me ha ocurrido estando solo viendo la televisión, cuando se fue la voz y empezó a sonar un ruido insoportable. Pensando que se había averiado, puse la radio, que también hacía un ruido espantoso hasta que me di cuenta de que era el oído lo que se había estropeado. Mi mujer afirma que me quejo mucho y que soy un sordo de conveniencia, pero se equivoca, porque no es conveniente ser sordo.*

*Como sigo con la misma mala suerte de siempre, en el momento de escribir el libro me siguen pasando cosas absur-*

*das. Un ejemplo de ellas es que, como se ha puesto de moda en la pandemia hacer pan y bizcochos, me dejé llevar por la corriente y compré por internet una maquinita de hacer pan. La verdad es que lo hace rápido, pero está incomible, y al ser yo el promotor de la idea, para no desmotivar a Trini, le digo que está buenísimo, haciendo de tripas corazón. No tiene sentido vivir en Antequera, la tierra del mollete y del buen pan, y gastar dinero en una máquina para comer pan de mala calidad. No tengo arreglo. No sé si este tipo de cosas solo me pasan a mí, o quizás le ocurran a otros que no lo cuentan abiertamente, pero yo opino que es recomendable compartir nuestras torpezas para que otros se consuelen y diviertan.*

*En fin, intento alternar la ironía con la durísima realidad y redacto estas líneas como premio inesperado a los que hayáis sido capaces de llegar hasta el final. Son tiempos en los que os recomiendo ver buenas películas y leer más libros; yo lo hago a diario porque siempre hay que aprender, y porque no es recomendable llenar el cerebro con las horribles noticias diarias que nos proporciona la televisión. Es preferible, inclusive, leer un libro como el mío.*

*Confío en que las disparatadas experiencias de mi vida cotidiana, todas ellas reales, os hayan distraído un poco, de ello se trata. En estos convulsos momentos, una sonrisa viene bien, aunque sea con mascarilla, o «masbaratilla».*

*Nos encontramos en tiempos complicados en los que nos sentimos hastiados por las consecuencias y limitaciones ocasionadas por la pandemia. Las calles están desiertas, todo está triste, desangelado, vacío. Menos la esquina de mi calle, donde siempre hay una cola ordenada delante de la panadería. Me persiguen aún las colas, y ahora al tener que hacerlas en la calle y debiendo guardar la distancia prudencial, son más largas todavía.*

*Por mi parte, confieso que estoy, como se decía en mi infancia, «apamplado», término que también me enseñó mi madre, que consiste en estar en el colmo de la inactividad, absorto, con la mente aparcada y el cuerpo también, en un estado de hibernación, que supuestamente se debe a esta maldita situación; esperemos que se solucione para todos y volvamos a la normalidad de la que tanto hablan.*

*Mi mayor deseo es que llegue la vacuna antes que el virus; ojalá esta carrera la gane la vacuna antes de que ese bicho me alcance, pues por edad no estoy para tirar cohetes de alegría, y mi salud, especialmente mis pulmones, ya no están en condiciones. Mi única ambición es continuar nuestro sencillo ritmo y estilo de vida diario, ni siquiera pido mejorarlo. Como dice la frase popular: «Virgencita, déjame como estaba».*

*Con toda sinceridad, pienso que cuando salgamos, o salgáis, de la pandemia, seremos seres diferentes, seguro que mejores personas, aunque la estupidez es otra pandemia para la que de momento no se ha encontrado vacuna. Es más, ni siquiera se ha investigado suficientemente, quizá sea porque interesa que se desarrolle más aún.*

*Tengo por costumbre despedirme de mis seres queridos en los correos electrónicos y demás medios con una frase, que dedico ahora a vosotros, mis pacientes lectores:* ***El mundo es nuestro.*** *Y aunque el coronavirus se haya adueñado de él durante un tiempo y nos haya reducido los horizontes, lo recuperaremos. Poco a poco retomaremos nuestra vida y nuestro mundo.*

*José Luis Sánchez-Garrido y Reyes*

www.ingramcontent.com/pod-product-compliance
Lightning Source LLC
LaVergne TN
LVHW021941220826
846092LV00010B/1196

*9788418730351*